MANOEL MARCONDES MACHADO NETO

8 Rs DA COMUNICAÇÃO FUNCIONAL | 720 GRAUS

INSTRUMENTAL PARA UMA GOVERNANÇA TRANSPARENTE

2ª EDIÇÃO

EDITORA CIÊNCIA MODERNA

8 Rs da Comunicação Funcional 720 graus – 2ª Edição
1ª Edição Copyright© Conceito Editorial 2020
2ª Edição Copyright© Editora Ciência Moderna Ltda., 2024

Editor: Paulo André P. Marques
Produção Editorial: Dilene Sandes Pessanha
Capa: Daniel Jara
Diagramação: Daniel Jara
Copidesque: Equipe Ciência Moderna

FICHA CATALOGRÁFICA

MACHADO NETO, Manoel Marcondes.

8 Rs da Comunicação Funcional 720 graus – 2ª Edição

Rio de Janeiro: Editora Ciência Moderna Ltda., 2024.

1. Marketing 2. Meios de comunicação
I — Título

ISBN: 978-65-5842-347-8 CDD 658.8

Editora Ciência Moderna Ltda.
R. Alice Figueiredo, 46 – Riachuelo
Rio de Janeiro, RJ – Brasil CEP: 20.950-150
Tel: (21) 2201-6662/ Fax: (21) 2201-6896
E-MAIL: LCM@LCM.COM.BR
WWW.LCM.COM.BR

02/24

DEDICATÓRIA

A Flávia Clímaco,
pela inspiração constante

A Stella Marcondes,
pelo exemplo e pela alegria

AGRADECIMENTO

A Paula Ribeiro,
pela parceria além-mar
e por sua leitura atenta

O impulso que move um pesquisador que inova tem a mesma natureza daquele que move o inventor, o artista e o pequeno empreendedor – que têm em comum a necessidade de fazer, de colocar algo em prática. Estes encontram em si mesmos, no seu próprio âmago, a energia e a coragem de um jorro, de exteriorizar uma vontade, de criar o que não havia antes, o novo, e lhe atribuir sentido.

Anseios sociais – como ética e transparência – são responsáveis, hoje, pela criação de uma cultura de *compliance* – ou seja, de conformidade com melhores práticas prescritas pelas mais diversas áreas.
No entanto, dissonâncias entre o que as pessoas falam e o que praticam é um problema recorrente.
A educação e o papel da universidade são importantes.
Mais ética na vida privada das pessoas comuns deverá levar a uma prática "conforme" nas relações profissionais e públicas.

Maria Avzaradel

Engenheira, empresária, especialista em *compliance* – Rio de Janeiro

Uma das missões da transparência é garantir a institucionalidade da comunicação pública. É preciso chamar a atenção – tanto no mundo corporativo como na atividade pública – para a responsabilidade sobre o que é dito por um gestor, por um chefe do Executivo, por uma pessoa do Legislativo.

O que nós estamos observando no Brasil atual é uma licenciosidade muito grande no trato da coisa pública, na maneira como os gestores se dirigem à população, se dirigem ao seu público-alvo, ou às pessoas que de alguma forma, direta ou indiretamente, estão relacionadas.

Marcelo Ficher

Empreendedor e relações-públicas – Rio de Janeiro

Nunca se discute o conceito da transparência isoladamente em relação ao conceito de *accountability* – que é a capacidade de responder pelos próprios atos e explicar-se com relação ao que é sua missão substantiva diante de seus acionistas e dos cidadãos. A primeira dimensão de *accountability* é a transparência; acessar, estar próximo dos dados que são importantes para as decisões sobre a sua vida.

Luiz Estevam Lopes Gonçalves

Mestre em Administração Pública e consultor – Rio de Janeiro

Transparência é palavra que se usa muito e ação que se pratica pouco. No Brasil, há um longo caminho pela frente. Outro termo muito presente no discurso é *accountability*.

Desde 2007, participo de conferências anuais do Banco Mundial com a Federação Internacional de Contadores, intitulada "*accountability* com responsabilidade", mantra da profissão contábil-financeira pelo mundo afora.

Os bancos – que seguem padrões internacionais – foram os primeiros a adotar boas práticas. *Fintechs* – empresas financeiras pequenas e mais ágeis – já nascem mais transparentes.

Hoje, a globalização traz a exigência. Quem se relaciona com órgãos internacionais tem que se alinhar. A transparência precisa ser uma prática de todos os ambientes. Governos dependem da liderança. Se a liderança não tem clara ênfase e não dá o exemplo, não acontece. O pagador de impostos quer saber o que é feito do dinheiro arrecadado pelas diversas esferas de governo. Moral e ética também devem ser trazidos à discussão quando se trata do conceito de transparência.

Ronaldo J. Rotter

Administrador e contador – São Paulo

Mais do que nunca, ser transparente é ser responsável e dar oportunidade para que todos contribuam para a cultura, valores e imagem da empresa. Transparência, hoje, tem que estar presente no DNA de todas as organizações.

Giselle Costa

Jornalista e consultora – Braga, Portugal

Transparência é questão de confiabilidade nas informações geradas, tanto nas instituições públicas quanto privadas. As informações disponibilizadas, muitas vezes, no entanto, não são claras – ou são "técnicas" demais. A população desconhece o que é transparência.

Luciana Braga

Mestre em Ciências Contábeis e contadora – Rio de Janeiro

Transparência é fazer aquilo em que se acredita, independente se há alguém olhando. É posicionamento e consistência com seus valores.

Gisele Mírian

Administradora e empresária – São Bernardo do Campo

Os valores que hoje são cobrados das organizações, tais como conduta ética, transparência e sustentabilidade, são a base do pensamento e constituem os fundamentos tradicionais das relações públicas. E isto é muito promissor para nós.

Claudio Cotrim

Professor e relações-públicas – Rio de Janeiro (*in memoriam*)

Ser transparente é mostrar aos *stakeholders* que você consegue mapear todos os riscos, tanto da parte ambiental quanto social de seus produtos e serviços. Demonstrando que você tem preocupação com seus riscos – o que é um dos pilares da governança corporativa – a população o aceitará melhor.

Roberto Roche

Engenheiro e consultor de sustentabilidade – Curitiba

Transparência é sinônimo de comunicação pública. E é preciso pensar na responsabilidade e no impacto que toda comunicação que chega ao público exige. A comunicação pode construir, mas também pode destruir, sobretudo no campo da política.

Bruna Martins

Jornalista e consultora – Curitiba

É fundamental a transparência dos atos praticados pelo governo, por exemplo, perante os cidadãos. Que tenham acesso àquilo que realmente acontece, é permitido, o que é legal. Para tudo aquilo que acontece ou está por acontecer é fundamental que haja comunicação de forma ética e transparente, e não conduzida para determinado fim que não seja o propósito daquela administração.

Fernando Moretto

Advogado e procurador municipal – Porto Alegre

O gestor eficiente, para além de se ocupar com os aspectos relativos ao mercado, à produção, às finanças, aos recursos humanos, à pesquisa e ao desenvolvimento, tem também a preocupação de estabelecer políticas, normas e programas de relações públicas (...), porque sabe que isto lhe facilita as transações, que funcionam como anticorpos no que diz respeito aos problemas de relacionamento e, também, são um ponto forte na diferenciação dos concorrentes.

Roberto Porto Simões

Graduado em Psicologia, mestre em Psicologia Organizacional e doutor em Educação pela PUC-RS (*in memoriam*)

Desde a década de 1950, quando Bertrand Canfield publicou seu "Public Relations: principles, cases, problems", a cidadania corporativa é um mandamento das Relações Públicas. Muito anterior, portanto, à recente "gestão consciente" preconizada pela Responsabilidade Social Empresarial (RSE). Para o pioneiro autor (traduzido no Brasil em 1970), "as relações públicas são, em primeiro lugar, uma filosofia da administração, um estado de espírito que coloca os interesses das pessoas acima de todos os assuntos ligados à direção de indústrias ou organizações de serviço social, de bancos, de serviços públicos, de quaisquer associações profissionais ou empresas. Para que as relações públicas sejam eficientes, a administração precisa aceitar a sua responsabilidade social. Os líderes de empresas devem compreender que a sua função é produzir utilidades para os seus públicos (clientes, colaboradores e a comunidade), e não apenas dividendos para os acionistas. Se uma organização não for dirigida com consciência social – que permeie todos os seus setores – as relações públicas serão ali pouco mais do que palavras vazias".

Sumário

Apresentação

"Começamos a ver a responsabilidade social da empresa a surgir através do marketing; não como uma espécie de consciência transcendental, mas como uma imposição do seu sucesso comercial e da sua própria sobrevivência. Quando sabemos que na empresa moderna as operações são direcionadas ao cliente, verificamos que toda a sua atividade envolve um constante problema de comunicação social, quer no sentido amplo, quer no sentido mais estrito do termo, traduzido na expressão relações públicas".

Manoel Maria de Vasconcellos
Pioneiro do marketing e das relações públicas no Brasil
In: Marketing Básico. Rio de Janeiro: Conceito Editorial, 2006).[1]

Em pleno século XXI, com a crise da indústria cultural, da mídia tradicional em particular, além da ascensão da internet e das redes sociais, a comunicação torna-se uma das atividades mais estratégicas e mais urgentes no âmbito da governança nas organizações, sejam elas públicas, privadas ou do terceiro setor.

Transparência é a palavra-chave; e *accountability* o seu contexto.

---

1. "Em 1953 [...] a ONU e a Escola Brasileira de Administração Pública da Fundação Getúlio Vargas inauguraram, sob a regência do professor Eric Carlson, o primeiro curso regular de Relações Públicas. O referido curso foi assistido por muitos funcionários públicos do país, de outras partes da América Latina, além de empregados de sociedades de economia mista e de empresas privadas, e especialistas já conhecidos: Evaldo Simas Pereira, da CSN, Paul Nanorden Shaw, do Centro de Informações da ONU, Roberto Betis Fernandes, Monroe Mendelsohn, Orlando Silva, da SESP, Raul Lima, Tude de Souza e Manoel [Maria de] Vasconcellos". LEITE, Roberto Paula. Relações Públicas. São Paulo: José Bushatski, Editor. 1971. P. 116-117.

Governos, empresas e instituições procuram, mais do que nunca, exercer a sua voz e mostrar uma face distinta diante dos seus públicos de interesse. Ou seja, diante dos seus onipresentes *stakeholders* que, direta ou indiretamente, influenciam a vida da organização.

O sistema proposto por Philip Lesly – "Universo das Relações Públicas" – explica e amplia a visão tradicional de *public affairs*, abordagem essencial da atividade de comunicação organizacional nos Estados Unidos. Vide diagrama a seguir:

Fonte: LESLY, Philip (1995). P. 13.

Hoje, o exercício de uma **comunicação funcional** agrega estratégias e táticas muito relevantes de RP e de Administração para uma governança transparente. Propõe-se aqui, pois, uma nova visão estratégica: um novo composto de 720 graus (360 graus de Relações Públicas + 360 graus de Administração) que totaliza 48 técnicas, divididas em 16 estratégias e 32 táticas. Uma proposta indispensável para uso de toda e qualquer organização, causa ou indivíduo que intente uma atuação pública.

Este ensaio apresenta, de forma abrangente e esquematizada, as oito instâncias ou demandas em que a comunicação pode interferir – seja a organização de que porte for. E tem como objetivo contribuir no contexto e ambiente organizacional por meio de um *mix* de "8 Rs", que é uma evolução do construto original de "4 Rs".

Representação simplificada de "4 Rs" (2012)

1
arte narrativa
presença na web
IDENTIDADE
MARCA
RECONHECIMENTO
PROPAGANDA
IMAGEM DE MARCA
responsabilidade
ESTUDO DO PÚBLICO (AUDIÊNCIA)
COMUNICAÇÃO INSTITUCIONAL
REPUTAÇÃO
GESTÃO DE CRISES DE IMAGEM PÚBLICA
DIVULGAÇÃO
4
memória/história

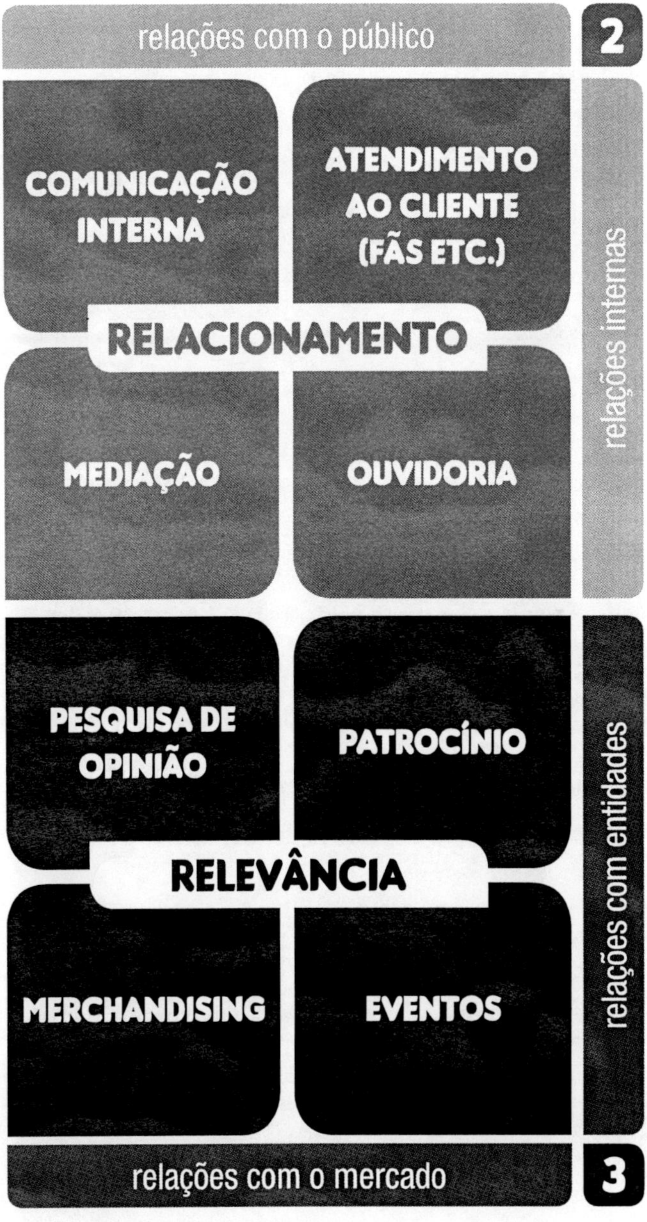

Representação detalhada de "4 Rs" (2015)

Trajeto 4-5-8

Vale a pena mencionar a jornada – já publicada em artigo – denominada "Trajeto 4-5-8", fruto de pouco mais de uma década (2010-2020) de investigação conceitual acadêmica na Universidade do Estado do Rio de Janeiro, *vis-à-vis* observação sistemática das práticas gerenciais de mercado – via Observatório da Comunicação Institucional (O.C.I.) – nos campos da governança corporativa e da comunicação organizacional.

Marco 4

Interessados em levantar a presença da ideia de relações públicas no imaginário de jovens trabalhadores, conduzimos – no O.C.I. – um levantamento junto a profissionais em níveis operacional, de supervisão e de gerência, nos estados de São Paulo, Rio de Janeiro e Minas Gerais, num total de 100 entrevistados, nos anos de 2010, 2011 e 2012.

Os achados da pesquisa permitiram a formulação de um novo construto didático-pedagógico, o composto de "4 Rs" das Relações Públicas Plenas, a seguir, desdobrado em 4 instâncias/demandas, depois detalhadas:

Representação gráfica do composto de "4 Rs": **simplificada**, constando das 4 instâncias/demandas de toda e qualquer organização; e **completa**, com duas estratégias e quatro táticas para cada uma das quatro instâncias/demandas. A transparência ativa já aparecia, em 2016, como um alvo, uma meta – ao centro:

Em 2014, o autor participou do 3o. Forum de Gestão da Comunicação Corporativa ABRACOM (Associação Brasileira das Agências de Comunicação), no Centro Brasileiro Britânico, em São Paulo.

Representando o Observatório da Comunicação Institucional (O.C.I.), participou de um painel intitulado "Desafios Éticos da Comunicação", apresentando seu composto de "4 Rs das Relações Públicas Plenas" como um caminho para a obtenção da tão demandada transparência nos negócios.

Título da apresentação: "A outra face da medalha da ética é a transparência".

Já naquela oportunidade, foi apresentado o diagrama de "4 Rs" incluindo ao centro – como um alvo, uma meta, um objetivo central, enfim – a **transparência ativa**, a qual o autor conceituou como sendo uma entrega para além do preconizado pela Lei de Acesso à Informação (Lei no. 12.527/2011), ou seja, algo de iniciativa das organizações (em disponibilizar) e não a mera transferência da responsabilidade (de pedir, de requerer) a quem demanda a informação.

Marco 5

Ainda na UERJ, o percurso subordinou-se a um Grupo de Pesquisa CNPq certificado pelo Universidade "Transparência Ativa: construção de um novo conceito e de uma lógica transdisciplinar para a governança", coordenado pelo autor no âmbito da Faculdade de Administração e Finanças.

Já no Observatório da Comunicação Institucional, em parceria formal com a UERJ – que funcionou como uma incubadora do projeto de pesquisa e desenvolvimento da inovação –, foram conduzidas as incursões necessárias à fase de defesa do construto teórico (três eventos documentados) bem como de testagem do mesmo na prática, no âmbito de organizações reais de mercado (três auditorias idem documentadas).

Nas três defesas, o construto teórico foi aprovado. Apenas na terceira delas, uma única ressalva levantada dizia respeito à necessidade de comprovação da tese também na prática, o que foi feito no tempo da fase seguinte, em campo, com êxito:

Os "5 Rs" são: Reconhecimento, Relacionamento, Relevância, Reputação e Resiliência; instâncias/demandas de toda e qualquer organização.

Marco 8

Como avanço final da jornada, e atendendo às demandas que se impõem nesses tempos de Objetivos de Desenvolvimento Sustentável (ODS) e A-S-G (Ambiental, Social, Governança), foram desenhados o sexto R, de Responsabilidade; o sétimo R, de Retribuição,; e o oitavo (e último) R, de Reinvenção.

Os agora "8 Rs" são:

- **Reconhecimento no meio social;**
- **Relacionamento com os *stakeholders*;**
- **Relevância no segmento de atuação;**
- **Reputação administrada;**
- **Resiliência institucional;**
- **Responsabilidade – civil e socioambiental – compartilhadas;**
- **Retribuição;**
- **Reinvenção.**

E os objetivos do composto de "8 Rs" são:

» Colocar à disposição dos gestores – que se interessam por uma presença e uma divulgação otimizadas no mercado – uma abordagem relacional plena com os seus *stakeholders*;

» Melhorar a compreensão dos gestores relativamente ao papel da gestão de uma comunicação funcional nas organizações, com suas marcas, causas, ideias e pessoas públicas.

COMPOSTO '8Rs' DA COMUNIC

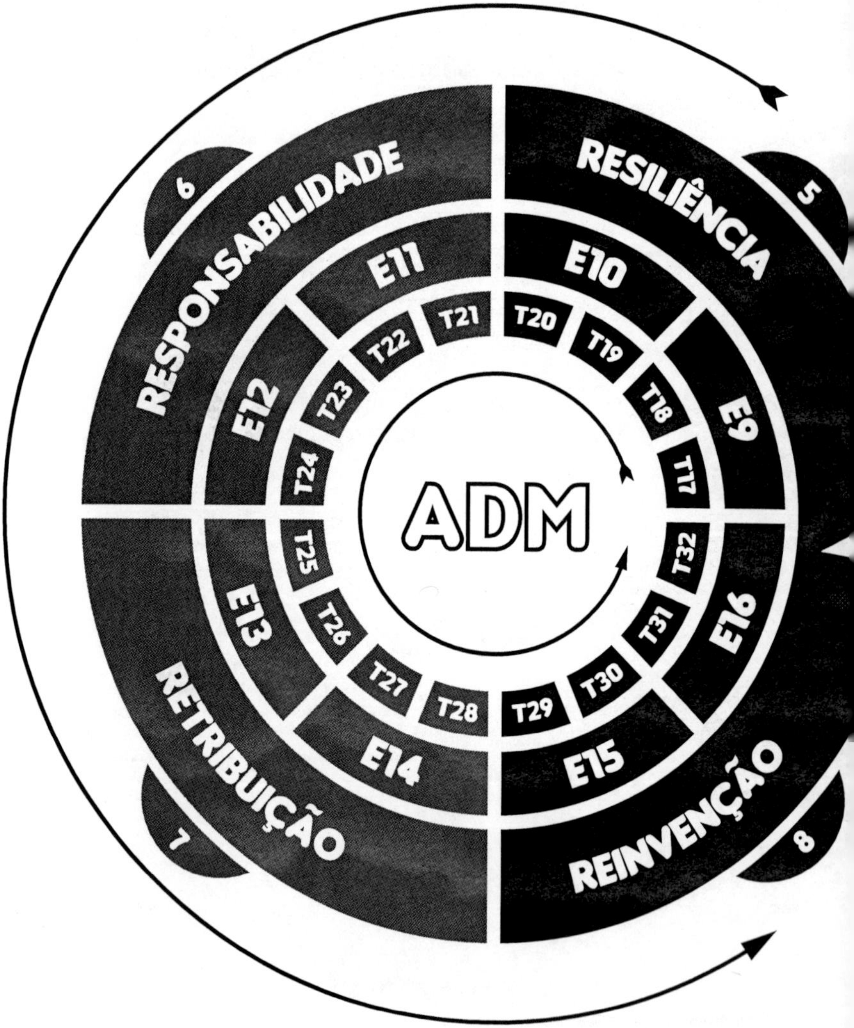

ÇÃO FUNCIONAL 720 GRAUS

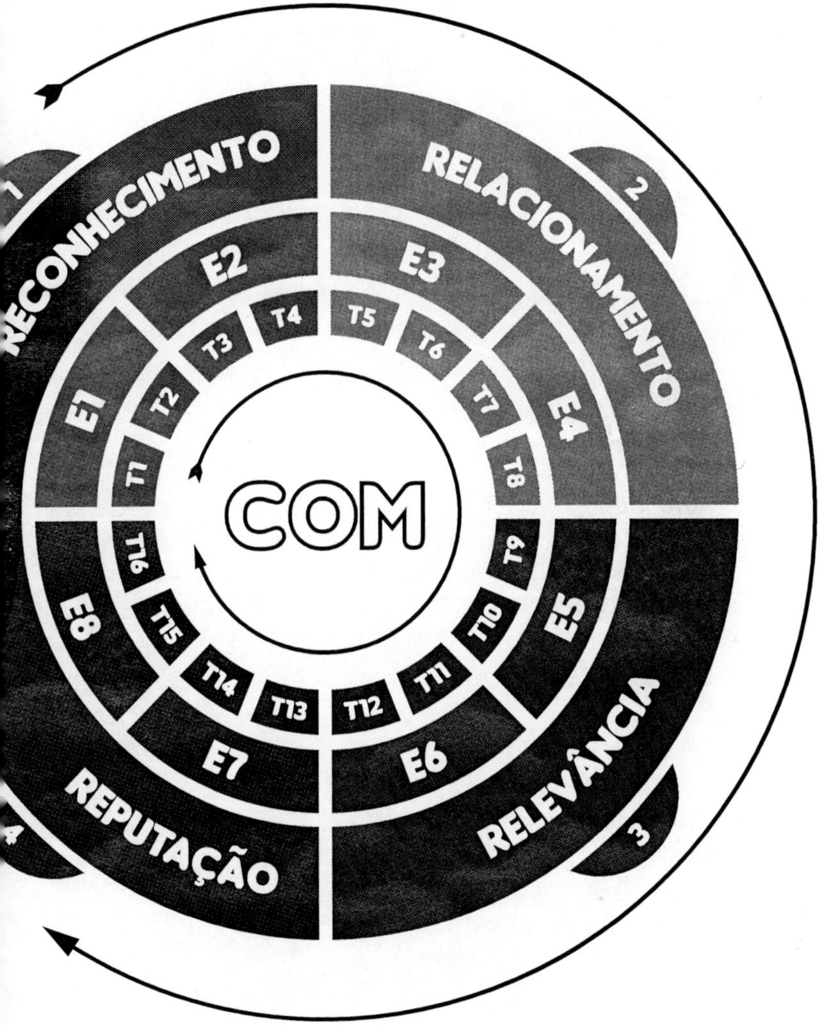

Acesse vídeo-animação deste diagrama: YOUTUBE.COM/WATCH?V=M_L_XFQ3QGU

Para cada um dos "8 Rs", há 2 estratégias e 4 táticas:

08 INSTÂNCIAS / DEMANDAS ORGANIZACIONAIS

RECONHECIMENTO
RELACIONAMENTO
RELEVÂNCIA
REPUTAÇÃO
RESILIÊNCIA
RESPONSABILIDADE
RETRIBUIÇÃO
REINVENÇÃO

16 ESTRATÉGIAS

E01 - ARTE NARRATIVA
E02 - PRESENÇA COMPETENTE NA INTERNET
E03 - MARKETING ORIENTADO AO PÚBLICO INTERNO (INTERNAL MARKETING ORIENTATION)
E04 - GERENCIAMENTO DAS RELAÇÕES COM CLIENTES (CRM)
E05 - LOBBYING
E06 - MARKETING SOCIAL
E07 - ACCOUNTABILITY
E08 - MEMÓRIA DE EMPRESA
E09 - GESTÃO DAS MUDANÇAS
E10 - GESTÃO DAS CAUSAS ADOTADAS
E11 - COMPROMISSO COM CONDUTAS ÉTICAS E LEGAIS
E12 - COMPROMISSO COM NORMAS CONTÁBEIS-FINANCEIRAS
E13 - RETRIBUIÇÃO PRESENTE
E14 - LEGADO (RETRIBUIÇÃO FUTURA)
E15 - REPOSICIONAMENTO
E16 - REENGENHARIA

32 TÁTICAS

T01 - IDENTIDADE CORPORATIVA
T02 - BRANDING
T03 - GESTÃO DE IMAGEM
T04 - PROPAGANDA INSTITUCIONAL
T05 - COMUNICAÇÃO INTERNA
T06 - ATENDIMENTO AO CLIENTE
T07 - OUVIDORIA
T08 - NEGOCIAÇÃO (E MEDIAÇÃO DE CONFLITOS)
T09 - PESQUISA DE OPINIÃO
T10 - PATROCÍNIOS
T11 - EVENTOS
T12 - MERCHANDISING SOCIAL
T13 - ESTUDO DOS PÚBLICOS
T14 - COMUNICAÇÃO INSTITUCIONAL
T15 - DIVULGAÇÃO
T16 - GESTÃO DE CRISES DE IMAGEM PÚBLICA
T17 - FILOSOFIA DE GOVERNANÇA
T18 - CONFORMIDADE
T19 - CAPACIDADE DE RESPOSTA
T20 - GESTÃO DO CONHECIMENTO
T21 - RESPONSABILIDADE NA ESFERA CIVIL
T22 - RESPONSABILIDADE NA ESFERA SOCIAL
T23 - RESPONSABILIDADE NA ESFERA AMBIENTAL
T24 - RESPONSABILIDADE NA ESFERA FIDUCIAL
T25 - PARCERIAS CIDADÃS
T26 - DOAÇÕES
T27 - SUCESSÃO
T28 - PATRIMÔNIO (OU RETRIBUIÇÃO DIFERIDA)
T29 - PENSAMENTO DISRUPTIVO (DESIGN THINKING / RESSIGNIFICAÇÃO)
T30 - COOPETIÇÃO
T31 - FUSÃO/AQUISIÇÃO (E, TAMBÉM, RECUPERAÇÃO JUDICIAL/ VENDA)
T32 - EXTINÇÃO DA OPERAÇÃO

Detalhamento do composto de “8 Rs”

I) RECONHECIMENTO - ESTRATÉGIAS

Na instância do Reconhecimento de uma organização, causa ou indivíduo, podemos considerar duas estratégias: arte narrativa e presença competente na Internet.

E01 - Arte narrativa

Storytelling - quatro técnicas de contar histórias que podem ajudar a aumentar as suas vendas. Lindsay Lavine.[1]

Todos nós temos acompanhado *spots* publicitários de televisão e rádio [também na internet] que apresentam um negócio, um produto ou um serviço, em 30 segundos ou menos. Podemos dizer que 30 segundos é o equivalente a uma curta viagem de elevador do rés-do-chão até ao terceiro andar.... o eterno desafio dos publicitários.

Kambri Crews é uma reconhecida contadora de histórias, líder de uma empresa de promoções e relações públicas especializada em *stand-up comedy*. No seu livro "Burn down the ground", narra a sua educação caótica no Texas rural, enquanto filha de pais surdos.

Crews começou por se apresentar em eventos onde se contavam histórias, na cidade de Nova York. Via nestes

---

1. Artigo publicado no *site Entrepreneur* em 25 de janeiro de 2013. Tradução livre.

eventos não só uma oportunidade para trabalhar o seu próprio livro, como também uma forma de treinar "o que funcionava com o público".

Estas são as quatro técnicas que podem impulsionar as suas habilidades de falar em público e contar histórias:

1. Pratique bem a sua mensagem. "Escrever para os ouvidos e não para os olhos". O seu texto, no caso da narrativa contada, não vai ser lido, vai ser ouvido. Adapte a sua mensagem para essa circunstância e molde-se em função do tempo que irá ter ao seu dispor. Atualmente, a atenção é uma matéria-prima escassa. Imagine que o seu *target* está no elevador a subir até ao terceiro andar e, lembre-se, que esse trajeto demora apenas 30 segundos.

2. Seja o mais natural possível e desvie-se de um discurso que pareça ensaiado. Um discurso ensaiado afasta as pessoas. Crews explica: "você quer um momento espontâneo; a sua resposta não será sempre a mesma (aliás, nunca será sempre a mesma); fale naturalmente, tente relaxar e mantenha o contato visual com a(s) pessoa(s) com quem você está falando".

3. Tenha sempre um princípio, um meio e um fim. O início deve "ligar" o seu público e o fim é a chamada para a ação (*call to action*). Ambas devem ser claras.

4. Faça a sua narrativa parecer "pessoal". Crews recomenda "o uso de perspetivas que permitam uma conexão humana com o produto ou serviço que você está vendendo". Por exemplo, se você está vendendo aparelhos auditivos, pode citar uma pesquisa, estudos de caso ou uma lista de prós e contras. Mas, se em vez disso, mostrar um vídeo "antes e depois" que mostre a reação de uma criança ao ouvir a voz da sua mãe pela primeira vez, as pessoas irão recordá-lo com muita emoção. Pode também contar "uma anedota pessoal", acrescentar uma boa dose de humor funciona sempre bem, aconselha Crews.

E02 - Presença competente na internet

O maior desafio na sociedade da informação e do conhecimento em que vivemos, é, definitivamente, a "encontrabilidade". Ou seja, este é um termo que emerge para nos dizer que a melhor maneira de encontrar alguém é **ser encontrado por ele**.

Na **era da curadoria**, da pesquisa, da produção e edição de conteúdo próprio, as exigências são grandes. Disciplina, agilidade, precisão, atenção e sentido de urgência são algumas delas.

Há cerca de uma década atrás, as empresas e os seus administradores assentavam os seus planos de negócio numa comunicação *outbond*, unilateral, apoiada nos meios de maior alcance tais como TV, Rádio, jornais e revistas.

Hoje, quase que podemos afirmar que os meios se resumem a um único meio: a internet. E a abordagem de comunicação, *inbound*.

A seguir, estão relacionadas as técnicas ou práticas que levam um nome, uma causa, uma organização, um produto ou uma campanha a adotarem personalidade própria e a obter Reconhecimento.

RECONHECIMENTO - TÁTICAS

Na instância do Reconhecimento, temos como exemplos:

» A ONG ambientalista Greenpeace (pelas suas ações inusitadas e midiáticas);

» A silhueta da marca Coca-Cola;

» A assinatura sonora do fabricante de componentes Intel.

O denominador comum de todos estes casos está em questões relacionadas com a individualidade, legitimidade e distinção de produtos e serviços, através de qualidades próprias e reconhecidas por cidadãos, usuários, clientes, consumidores, seguidores, ativistas ou fãs.

Reconhecimento é a capacidade de um ente, seja ele um indivíduo, causa, marca, movimento ou organização, ser identificado pelos seus públicos de interesse, os *stakeholders*, como distinto e único: *unique corporate identification*, analogamente e tomando por empréstimo ao Marketing, o conceito de *unique sales proposition*[2].

---

2. Anotações de aula do Prof. Luiz Estevam Lopes Gonçalves (FGV), mestre em Administração Pública pela EBAPE com pioneira dissertação brasileira sobre Marketing Social.

E por ser tomado como distinto e único por seus *stakeholders*, será assim reconhecido pelo conjunto maior desses mesmos públicos: a sociedade, base da chamada **opinião pública**.

No aspecto específico da **comunicação funcional**, o que se constata é que há formas de auxiliar os gestores no contínuo e permanente reconhecimento de uma organização no seu meio e, para isso, é preciso considerar quatro táticas, como um todo ou parcialmente: Identidade corporativa; *Branding*; Gestão da imagem e Propaganda institucional.

T01 - Identidade corporativa

É fundamental estabelecer uma identidade corporativa. Uma identidade bem concebida, bem desenhada e bem executada, que considere todas as suas variáveis. Desde a definição da missão, visão e valores, até a escolha do nome e da identidade visual – o logo, as cores, o desdobramento da imagem, a tipologia, o tom e o estilo – até a sua aplicação em papelaria e materiais do dia-a-dia da organização (sede, frota, uniformes, *website*, publicidade, propaganda, conteúdos digitais, etc.). Por exemplo: todos os postos de uma distribuidora de combustíveis são parecidos. Isto tem o propósito de ajudar o usuário a identificar, mesmo à distância, um posto de abastecimento de combustível para o seu veículo. O mesmo acontece com as redes de *fast food*, entre outros negócios. Naturalmente que, aliada a esta questão de identidade, surgem as próximas táticas do

Reconhecimento: o *branding* (gestão de marca) e a gestão de imagem.

Num mercado onde o cliente se depara com múltiplas escolhas e rápidas mudanças, uma identidade única constitui um diferencial competitivo relevante, proporcionando aquilo a que chamamos *recall*.[3]

Tudo começa no nome. As técnicas de denominação de produtos, serviços ou empresas, são cada vez mais sofisticadas. Procuram-se novas palavras ou novos termos com leitura universal e, mais importante, que não sejam ofensivos em nenhum idioma. Pretende-se, assim, que o nome seja autêntico, distinto e não fira suscetibilidade ao redor do mundo, pois é importante nunca esquecer que cada país tem o seu próprio código cultural. Nomes como Avanade, Novartis e Xperia são alguns exemplos. Outros exemplos podem ser encontrados em lexiconbranding.com/.

T02 - Branding

Primeiro, precisamos entender que uma marca é um ecossistema de valores. O *branding* (ou gestão de marca) é todo o esforço realizado ao redor desse mesmo ecossistema de valores que distinguem

3. *Recall* é termo técnico que significa, literalmente, lembrança. É a propriedade que um nome ou símbolo (gráfico, sonoro, imagético) tem de fazer-nos lembrar de alguém, de uma marca, de um lugar. Numa outra acepção, o mesmo termo denomina também as "chamadas públicas" feitas por empresas a seus clientes quando detectado algum problema de produção/serviço que requeira troca ou nova prestação de serviço.

a organização. É a gestão das suas características tangíveis e intangíveis para construir o seu valor no mercado. É garantir que a percepção do seu público está de acordo com os ideais da marca. Exemplo: a Nike tem associado ao seu nome, um símbolo. Gradualmente esse símbolo, o *Swoosh* projetado por Carolyn Davidson, foi ganhando força e hoje tem a capacidade de comunicar sozinho a identidade da marca.

A assinatura é, em francês, *griffe* – termo que já estamos acostumados a relacionar à indústria da moda – a assinatura, marca ou o rótulo que identifica um criador de moda ou um estilista. Os consumidores de produtos *fashion* (roupas, calçados, acessórios, joias etc.) acostumaram-se a comprar produtos e serviços a partir da *griffe*. Levi's, Diesel, Timberland, Dior, Channel, H. Stern e Rolex são alguns exemplos.

O *branding* assume hoje, um lugar de destaque em todo o contexto de gestão empresarial. As marcas são, por isso, o ativo mais valioso no mundo dos negócios. E as mais cotadas são as institucionais, as que vão muito além dos seus produtos e serviços, tais como Google, Apple, Coca-Cola, Nike, Pfizer, entre outras.

T03 - Gestão de imagem

Para além de logos, logomarcas ou logotipos, uma organização pode (e deve) agregar outros atributos. Uma assinatura sonora (*aural signature*), por exemplo. Quem é que não reconhece a inicialização de um Mac? Ou o Skype *ringtone*? Outro exemplo é a Intel e a sua assinatura sonora de apenas quatro notas.

Outra tática já antiga, mas muito atual, é a associação a uma figura ou personalidade conhecida do público, cujo perfil case com a personalidade da marca ou a criação de um personagem que materializa a sua personalidade. É o testemunhal. E uma evolução do testemunhal é a adoção de influenciadores (*digital influencers*).

As ações de neuromarketing trazem-nos inúmeras inovações sensoriais. Ao lado das visuais e auditivas, o olfato, por exemplo, tem sido muito utilizado como tática de diferenciação.

A gestão da marca e a gestão de imagem são duas táticas que merecem lugares destacados, principalmente quando pensamos na sua aplicação à marca pessoal, ou seja, a indivíduos.

T04 - Propaganda institucional

Para J. B. Pinho, uma das características da propaganda institucional consiste em "fortalecer, agregar valor e alma à marca da empresa, promovendo a aceitação da mesma como uma instituição pública. Ela pode divulgar também, os aspectos relacionados à sua responsabilidade social e aos serviços prestados aos consumidores. A propaganda institucional, enquanto consolidação e fortalecimento de conceito e reputação, deve estar alinhada com os valores sociais e éticos da organização".

Embora considerada por muitos uma tática cara por não apresentar um retorno financeiro imediato, é um recurso muito válido. Reconhecemos organizações pelos seus anúncios institucionais na TV, no Rádio, em jornais, em revistas, *online*, *offline* e *out of home* (OOH).

Uma empresa socialmente responsável agrega fatores positivos ao seu conceito corporativo perante a sociedade. No entanto, para algumas organizações, responsabilidade social é um conceito que fica reduzido, no seu entendimento, a projetos sociais pontuais em comunidades carentes. Esta é uma visão antiga e, infelizmente, ainda muito praticada. Faz com que indústrias poluentes, por exemplo, possam ser aceitas numa comunidade se, em contrapartida, reformarem uma escola local ou promoverem atividades culturais ou esportivas. Uma atitude condenável, nos dias de hoje. Mero *brandwashing*.

Responsabilidade socioambiental deve ser entendida como um verdadeiro e real compromisso da organização para com a comunidade, de forma mais ampla. Deverá consistir em encontrar formas de restituir e retribuir a exploração dos recursos naturais e humanos que as suas ações provocam.

Ser socialmente responsável é ter as suas contribuições e impostos em dia. É oferecer produtos de qualidade e gerar empregos de qualidade. É garantir a sustentabilidade do negócio em termos de meio-ambiente.

A prática mentirosa sobre "ser verde" (*greenwashing*) é daninha não só para o meio-ambiente. O é, ainda mais, para a imagem e a reputação da própria empresa impostora.

No intuito de auxiliar na construção de conhecimento científico sobre esta temática, o livro R$C: Responsabilidade $ocioambiental Compartilhada, de Denise Rugani Töpke, propõe uma nova caracterização para a RSE em sua configuração contemporânea. O cifrão lembra-nos da prevalência do ascpecto econômico em todas as decisões organizacionais.

A adoção da palavra "compartilhada", por sua vez, considera um possível compartilhamento do sentido de RSE pelos demais atores sociais estudados, para além da organização em si, incluindo fornecedores e mídia, por exemplo, no sentido de haver um consenso quanto ao seu entendimento.

Como a gestão do relacionamento com os stakeholders emerge neste contexto? Esses atores, na perspectiva de um rizoma, configurando uma rede, se interferem mutuamente na produção dessa noção contemporânea de RSE.

II) RELACIONAMENTO - ESTRATÉGIAS

No Relacionamento com os seus públicos-chave, um indivíduo, movimento ou organização podem apoiar-se em duas estratégias fundamentais: marketing orientado para o público interno (*internal marketing orientation*) e gestão do relacionamento com o cliente (*costumer relathionship management - CRM*).

E03 - Marketing orientado ao público interno (*Internal marketing orientation*)

Os interesses do público interno de uma organização nem sempre se coadunam com os interesses dos investidores, sendo estes últimos um público-chave crucial no caso das sociedades anônimas.

Tratar de grandes questões corporativas – tais como a instalação ou o encerramento de uma unidade fabril, um processo que resultará em demissões, ou a fusão/compra de um antigo concorrente – perante públicos diversos, mantendo a voz uníssona junto dos colaboradores e a imagem pública da empresa, não é uma tarefa que se dê ao luxo do improviso.

A utilização de instrumentos de marketing – pesquisas, promoções de incentivo, veículos de comunicação direta – dirigida ao público interno das organizações tem uma definição e conta com o apoio de uma série de autores e pesquisadores, sobretudo na área da Psicologia Organizacional: *Internal Marketing Orientation*.

Segundo Alvaro Magalhães, que defendeu pioneira dissertação de mestrado sobre o tema na Universidade Gama Filho, no departamento de Psicologia Social, "o conceito de orientação para o mercado interno operacionaliza-se pelo emprego das ferramentas comuns de marketing (pesquisa de opinião, posicionamento, construção de plataforma conceitual, preparação de peças comunicacionais, ações de campo, pesquisa de *recall* e *call to action*), com o objetivo de satisfazer as necessidades e os desejos do público interno da organização".

E04 - Gerenciamento das relações com clientes (*CRM*)

Fonte: Roger Trapp - matéria publicada no *The Independent* de 05/06/2007.

Conhecer, compreender e prever o que os seus clientes querem – e vão querer no futuro – é vital para o sucesso das empresas de pequena e média dimensão.

Se o seu negócio é uma loja de rua, por exemplo, é muito mais simples servir os seus clientes locais do que fazê-lo numa cadeia de supermercados. Você sabe o que seus clientes querem porque os vê diariamente e pode falar com eles pessoalmente, sem necessidade de organizar grandes pesquisas sobre o seu comportamento. Há também uma cadeia muito mais curta entre a pessoa que compra e a que toma a decisão. Na verdade, ambos papéis são muitas vezes desempenhados pela mesma pessoa.

É esse conhecimento e compreensão dos clientes que as grandes empresas tentaram replicar quando começaram a investir em gestão de relacionamento com clientes (*CRM - Customer Relationship Management*). O conceito é "conhecer melhor os clientes e usar esse conhecimento para bem atendê-los".

Com o desenvolvimento de grandes plataformas de coleta de dados (*big data*) para grandes organizações, tais como bancos e supermercados, o conceito ficou associado à tecnologia de informação. Mas, *CRM* vai mais além, é mais do que tecnologia de informação; antes uma filosofia de negócios do que uma solução técnica para ajudar a lidar com os clientes de forma eficiente e eficaz.

Dito isto, há que encontrar o equilíbrio. O *CRM* é uma filosofia de negócios, mas para ser introduzido com sucesso numa organização precisa de, pelo menos, alguma tecnologia. Só a tecnologia aciona o aspecto-chave do *CRM*: a integração de todos os meios através dos quais as empresas se comunicam com os seus clientes (*delivery*, correio, telefone, *e-mail*, *sites*, portais e/ou redes sociais). Este é o *locus* essencial da chamada Inteligência Artificial (IA).

Certo é que muitas empresas produzem estatísticas e métricas por cliente, por loja, por mês, por ano etc. Mas, só as que analisam os dados que produzem é que definem metas objetivas. Através da análise de dados podem, por exemplo, implementar modelos que permitem identificar os clientes mais rentáveis, ou para definir diferentes preços a praticar em função da diversidade de clientes. Podem integrar dados, os seus com outros vindos de outras fontes, para produzir mais conhecimento do mercado. Assim como fazer experiências, testar e medir resultados desejados com publicidade ou outras atividades de marketing, principalmente no meio digital

Big data: a boa notícia é que aquilo que era um privilégio das grandes corporações já está disponível para empresas menores. Já existem sistemas de *CRM* disponíveis em formato terceirizado, na *web*.

A palavra do momento na área da consultoria de *CRM* é *insight*. Todos querem mais informação que os seus rivais. Muito tem sido feito nos últimos anos no campo da chamada "inteligência competitiva". A britânica Tesco parece ser capaz de antecipar fins de semana quentes e obter as quantidades certas de cerveja e suprimentos para churrasco (carne, carvão e sal marinho) para as suas lojas. O sistema é capaz de oferecer descontos em alimentação e artigos para o seu animal de estimação na sua próxima compra. Este sentido de "furar" a concorrência é, em grande parte, fruto da análise de dados, informações de comportamento de consumo dos clientes a longo prazo.

De igual forma, o uso da internet como plataforma de vendas tem sido bem-sucedido porque os anunciantes utilizam ferramentas, tais como o Google Analytics – algoritmos em constante análise que consideram itens, tais como a eficácia de palavras-chave, posicionamento na busca de páginas (relevância), material criativo original e outros.

Davenport e Harris, autores fundamentais em *CRM*, citam Sir Martin Sorrell, fundador do grupo WPP: "Não há dúvida que a análise científica, o *CRM*, incluindo econometria, é uma das áreas mais importantes na indústria do marketing de serviços".

RELACIONAMENTO - TÁTICAS

Quatro táticas (ou técnicas) a considerar no Relacionamento:

T05 - Comunicação interna

Nada deve ser feito em termos de comunicação com públicos externos sem que passe primeiro pelo crivo dos colaboradores, internamente. Reclamações do tipo "mesmo sendo parte da empresa, fiquei sabendo do lançamento do novo produto pela mídia..." não são aceitáveis.

A organização deve ser considerada uma rede de relacionamentos. Se não há pessoas, não há uma organização.

Para além desta rede de relacionamentos, uma organização deve ter a capacidade de desenvolver o seu próprio ambiente cultural, o qual ficará menos à mercê de influências externas.

Gareth Morgan afirma que as organizações podem ser vistas como sistemas vivos, que existem num ambiente amplo do qual dependem em termos da satisfação das suas várias necessidades. As metáforas de organismos e teias exploradas pelo autor em seu livro "Imagens da organização", permitem entender sutilezas e detalhes importantes para a eficácia no funcionamento das organizações, antes ignorados.

Exemplo:

> [...] a teoria da organização transformou-se num tipo de biologia na qual as distinções e relações entre moléculas, células, organismos complexos, espécies e ecologia são colocadas em paralelo com aquelas entre indivíduos, grupos, organizações, populações de organizações e a sua ecologia social. Houve época em que as organizações eram comparadas a máquinas, preocupadas tão somente com os resultados e ignorando o elemento humano.

T06 - Atendimento ao cliente

Clientes, usuários, cidadãos, consumidores. No Brasil, a criação do Código de Defesa do Consumidor (CDC), Lei no.

8.078, de 11/09/1990, inaugurou um novo tempo para as empresas.

Se antes era comum haver casos de insatisfação com produtos e serviços sem que houvesse qualquer contrapartida ou atenção ao cliente lesado, a partir da implementação desta lei foi notória a disseminação de uma cultura orientada para o cliente.

O tradicional mandamento de marketing – "o cliente é rei" – extrapolou as estruturas comerciais e passou a fazer parte do posicionamento institucional das empresas, entes governamentais e do terceiro setor.

O consumidor confia em quem o respeita e esse respeito é a principal forma de valorizá-lo. Assim, a organização, além de primar pela qualidade dos seus produtos/ serviços, deve portar-se como cidadã consciente das suas responsabilidades civis e sociais no relacionamento com o seu cliente.

Do ponto de vista comercial, o investimento na relação com o cliente garante ganhos efetivos, visto que, conhecendo-os bem, as empresas podem identificar melhor as suas necessidades, direcionando de forma mais efetiva a produção e a oferta de serviços.

A fidelização de um cliente é um grande trunfo. Um cliente satisfeito mantém-se fiel à marca e a recomenda – a valiosa divulgação boca a boca.

T07 - Ouvidoria

Este é um conceito ainda pouco estabelecido no âmbito privado, embora a função de Ouvidor remonte ao passado, e à figura de *Ombudsman* (hoje *Ombudsperson*), de inspiração sueca, criada no início do século XIX.

Um Ouvidor é, portanto, um elemento que atua numa estrutura própria de atendimento ao cliente que vai além das relações cotidianas de consumo.

Convencionou-se entender que o recurso a uma Ouvidoria seria aquela "segunda instância" a que um cliente recorreria depois de não ter sido bem atendido sobre produto/serviço adquirido e pelos sistemas de atendimento ao cliente, ou consumidor (SACs) que o receberiam numa primeira abordagem junto à empresa.

Mas, pode e deve ser mais que isto.

Uma boa Ouvidoria pode trazer reais melhorias a processos de venda e prestação de serviços a clientes – e também colaboradores, uma vez que, em organizações estatais, a Ouvidoria frequentemente abarca questões como *bullying*, assédio moral, discriminação e solicitações de realocação de pessoas na estrutura, muitas vezes implementando uma cultura de *compliance* no setor de Recursos Humanos.

T08 - Negociação (e mediação de conflitos)

Como tática de relacionamento institucional no Brasil, a negociação e a mediação de conflitos, fora do ambiente judicial, ainda é uma prática tímida. No entanto, esta é uma tática mais difundida em outros países, precedendo os processos de arbitragem, os quais estão mais afetos à ação de advogados, resolvendo relevante quantidade de questões.

O objetivo é estabelecer diálogo entre partes que se tornam antagônicas por eventuais circunstâncias que advêm de operações corriqueiras.

Exemplo:

Empresa de construção civil tem uma obra em curso que, por circunstâncias diversas, afeta o abastecimento regular de água ou de energia à população/bairro onde se situa.

Tal empresa, para além de procurar a resolução imediata do problema, deve estabelecer pontes de entendimento com a comunidade respectiva a fim de melhor informá-la sobre a origem do problema e o andamento das providências para sua solução.

III) RELEVÂNCIA - ESTRATÉGIAS

No contexto da Relevância, seja de um negócio, causa ou organização num determinado segmento de mercado, podemos levar em consideração duas estratégias: *Lobbying* e Marketing Social.

A instância de exame na demanda Relevância remete-nos à análise das diversas práticas de marketing da organização – seja empresa privada, ente governamental ou do terceiro setor.

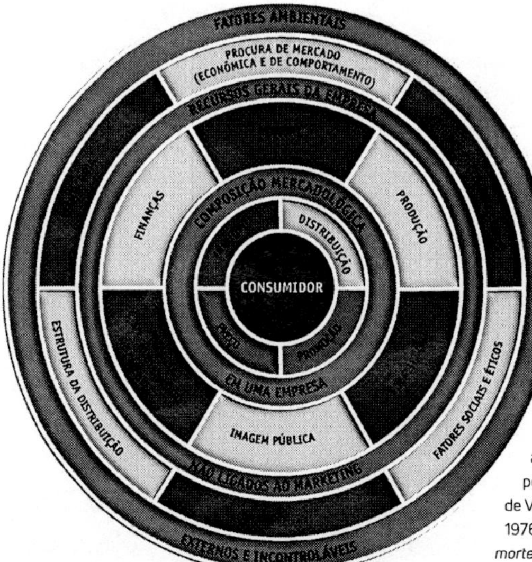

O Sistema "Marketing" foi assim concebido por Manoel Maria de Vasconcellos, em 1976, publicado *post mortem* pela Conceito Editorial, em 2006.

E05 - *Lobbying*

Termo utilizado no campo das relações institucionais/ relações governamentais que designa a atividade exercida junto de representantes do poder político com o objetivo de os influenciar perante uma votação legal.

Os grupos de pressão organizam-se em torno dos seus interesses e contratam profissionais que desenvolvem atividades de esclarecimento e persuasão, cujo objetivo consiste em defender os pontos de vista dos seus clientes.

No Congresso dos Estados Unidos, por exemplo, a atividade é regulamentada. Um "lobista" precisa estar credenciado para frequentar os corredores e gabinetes do Parlamento no exercício legítimo da sua função.

Tal atividade, também é conhecida como *lobby* pelo fato de as conversas acontecerem muitas vezes no *lobby* ou *hall* principal dos prédios públicos.

No Brasil, apesar de já haver projetos em discussão no Congresso Nacional, a atividade ainda não é regulamentada, o que faz com que o termo seja usado majoritariamente com sentido pejorativo, aliado a práticas políticas e comerciais escusas ou, ainda, ao mero tráfico de influência.

E06 - Marketing Social

Philip Kotler é também uma referência de pioneirismo nesta especialidade do marketing. O seu livro "Marketing social: estratégias para alterar o comportamento do público" de 1971, assim o confirma. Esta especialidade surge normalmente associada a iniciativas de caráter e aplicação sociais, tais como campanhas de saúde pública.

A prática é relativamente pouco explorada no Brasil. Há, no entanto, alguns destaques que vão para algumas campanhas oficiais, tais como a "PARADA", sobre acidentes de trânsito e as que defenderam o "sim" e o "não" sobre o desarmamento da população, no referendo sobre o tema havido em 2005.

Para além destas, temos as rotineiras campanhas de vacinação e do uso de preservativos (sempre presentes na época do Carnaval), que reavivam o uso do Marketing Social.

O caso do apoio da Avon Cosméticos com a iniciativa de deteção precoce do câncer de mama ("Projeto Avon"), premiada pela Aberje (Associação Brasileira de Comunicação Empresarial), é um exemplo muito bem-sucedido de um programa de responsabilidade social empresarial.

Aliás, todo o movimento obtido pela Avon – e por outros atores relacionados à prevenção da doença – estabeleceu uma série de iniciativas, muitas vezes voluntárias e sob os auspícios de cada um desses atores sociais, cujo acontecimento "combinado" ganhou a disseminada alcunha de "outubro rosa".

RELEVÂNCIA - TÁTICAS

A pergunta-chave aqui é: o que fazer para se diferenciar de um concorrente?

Para se diferenciar é preciso procurar, perenemente, uma característica própria. Esta busca de elevada relevância, não é fácil de fazer. Não é um processo automático, não vem naturalmente ou ao acaso. Tem tanto de penoso como de recompensador, à semelhança dos processos terapêuticos. Os contributos devem vir de várias áreas e as relações públicas têm um papel fundamental.

Quatro práticas – pesquisa de opinião, patrocínios, realização de eventos e Marketing Social – contribuem para a Relevância.

T09 - Pesquisa de opinião

Conhecer o pensamento da chamada "opinião pública" ou, pelo menos, de um determinado segmento desta, é fundamental para organizações que têm como objetivo oferecer algum produto, serviço, ou mesmo um discurso novo, uma nova causa. A área de Marketing conhece bem uma prática análoga, a pesquisa de mercado. Quando se trata de ideias, causas, eleições, a denominação "pesquisa de opinião pública" ainda é a mais consagrada.

Artur da Távola, jornalista e senador pelo Rio de Janeiro, falecido em 2008, provocava os leitores – e os seus colegas da imprensa –, ao dizer que "não existe opinião pública; o que existe é a opinião de quem publica".

Segmentação de mercado: atualmente as empresas conhecem bem cada nicho social (grupos de pessoas) que lhes interessa atingir. O segmento de público é também tratado como "fatia de mercado".

Hoje, inclusive, já se subdivide o próprio segmento, obtendo-se "fragmentos de público" – grupos menores com interesses muito específicos.

T10 - Patrocínios

É uma prática cada vez mais adotada pelas organizações. Trata-se de financiar iniciativas de terceiros, dando-lhes viabilidade, com os olhos postos no retorno da visibilidade que elas proporcionam.

Em Marketing Cultural, tal prática pode ser definida como "marketing cultural de meio"[4], ou seja, a viabilização físico-financeira de iniciativas artístico-culturais como meio de promoção da marca patrocinadora.

Um primeiro mandamento neste contexto, é adequar a atividade patrocinada à empresa patrocinadora. Um patrocínio "avulso" – sem uma linha coerente que relacione

---

4. No seu livro "Marketing Cultural: das práticas à teoria", o autor propõe quatro modalidades de Marketing Cultural, dependendo do *locus* gerador da ação: "de fim" (realizado pelas organizações culturais), "de meio" (utilizado pelas empresas de qualquer ramo como meio de promoção), "misto" (quando, por exemplo, um ente público faz parceria com um privado), e "de agente" (quando há empreendimento, incentivado ou não, com risco). (MACHADO NETO, 2002).

o público da marca patrocinadora ao da iniciativa escolhida – é uma perda de recursos, um equívoco.

Um segundo mandamento é a chamada "ativação" do patrocínio. É muito comum as empresas patrocinadoras entregarem às produtoras a responsabilidade de todo o alcance comunicacional, ou seja, a visibilidade atingida da ação patrocinada.

É preciso mais.

Se não há recursos para ativar um patrocínio, talvez seja melhor nem o contratar. Pesquisas levadas a cabo pela gestão da Fórmula 1 e pelo futebol inglês demonstraram ser adequado e necessário, destinar três libras de ativação por cada libra destinada ao patrocínio.[5]

T11 - Eventos

Nesta prática, a vertente mais consolidada é a dos eventos comerciais, tais como as feiras, salões, mostras e convenções, aos quais as empresas se associam para marcar presença junto aos públicos do setor envolvido.

Exemplos:

Não há editora que não almeje participar da Feira de Frankfurt, o maior evento mundial na área do livro e da leitura. Na mesma linha de pensamento, é impensável que uma empresa montadora de veículos não tenha um *stand* nos principais salões de automóvel, ou que a Microsoft ignore

5. Palestra sobre patrocínios ministrada por Beth Lula, na UERJ, em 2008.

feiras de Tecnologia da Informação. As Bienais do Livro são, no Brasil, exemplo marcante de eventos comerciais.

Há também, além dos eventos de terceiros, a modalidade promocional de criação de eventos pela própria marca de indústria ou comércio, como Vivo Open Air, Heineken Concert e TIM Festival.

T12 - *Merchandising* social

No Brasil, denomina-se *merchandising* social a inserção – intencional, sistemática e com propósitos educativos bem definidos – de questões sociais e mensagens educativas nas tramas e enredos das telenovelas, minisséries e outras produções de TV, cinema ou *streaming*.

O *merchandising* social constitui uma das mais criativas e eficazes modalidades de *edutainment* (*entertainment-education*). *Edutainment* é uma estratégia de comunicação para grandes audiências, a qual procura associar propósitos educacionais às atividades e programas de entretenimento em geral. Utiliza diferentes meios e suportes: filmes e vídeos; músicas; peças de teatro; dramatizações em *web*-rádio e *web*-TV; artes plásticas; revistas em quadrinhos; memes na internet e outros.

Enquanto estratégia que promove a mudança de atitude e a adoção de novos comportamentos, o *merchandising* social é um dos instrumentos mais eficazes, tanto pelas grandes audiências que atinge, quanto pela forma lúdica como pode demonstrar a efetividade das novas condutas disseminadas.

Os resultados alcançados até o momento confirmam que esta é uma das mais eficazes, eficientes e efetivas táticas de Marketing Social.

IV) REPUTAÇÃO - ESTRATÉGIAS

No contexto de uma Reputação administrada, um indivíduo, causa ou organização podem considerar duas estratégias: *Accountability* e Memória de Empresa.

E07 - *Accountability*

Termo do idioma inglês que não ganhou uma tradução para português, tal como Marketing. Surge no contexto da governança corporativa, com os mandamentos da transparência e da responsabilidade de prestar satisfações públicas.

Congrega em si, dois conceitos: um interno – a capacidade de resposta (*answerability*); e um externo – o poder de punição (*enforcement*).

O primeiro diz respeito à obrigação que as organizações que prestam serviços públicos têm de informar e explicar os seus atos. O segundo, diz respeito à faculdade que organismos de regulação ou entidades reguladoras têm de impor sanções e perda de poder àqueles que violem os seus deveres públicos.

Agências reguladoras têm esta missão. Elas têm que, simultaneamente, significar governança de Estado (não de governo, pois os seus membros não devem se subordinar aos mandatários da hora) perante os *players* dos setores que regulam (telecomunicações, energia, água, aviação, transportes, saúde pública, planos de seguro-saúde e moeda em circulação) e fazer a defesa e a representação dos usuários desses mesmos serviços públicos, sobretudo quando prestados por empresas privadas sob a concessão do Estado.

E08 - Memória de empresa[6]

Em tempos de mundo globalizado, competitivo e dinâmico, a comunicação tem cada vez mais o papel de estabelecer e aprimorar relacionamentos, ampliar diálogos e atrair públicos de interesse.

A comunicação corretamente planejada e executada torna uma organização mais transparente, uma característica imprescindível nos tempos atuais para as empresas que procuram ter uma vida longa e conquistar vitórias em mercados cada vez mais concorridos.

Através da comunicação é possível, também, conhecer e difundir a história da organização, ampliando a necessária transparência e aproximando-a dos seus públicos. E, mais do que isso: ao difundir as realizações, superações e os

---

6. Fonte: ZANUSO, Claudia C. e VERNALHA, Suzana Mara de C. Artigo publicado em www.rrpp.com.br

sucessos que marcaram a sua trajetória, a organização estará a conquistar um importante diferencial de negócio. A sua história – carregada de valores, cultura e identidade – torna-a única, ímpar.

A busca por fatores diferenciadores é o grande desafio e depende do empenho profissional na utilização da comunicação de forma mais abrangente, com todo o potencial das suas ferramentas. Isto exige e impõe conhecimento, experiência, pensamento flexível e multiplicidade de olhares.

A experiência de longevidade em planejamento estratégico de comunicação e a realização de projetos empresariais variados, ajuda-nos a perceber o valor da comunicação e o quanto ela pode, efetivamente, utilizar as histórias como estratégia para partilhar mensagens, símbolos e significados.

A partir do resgate de fatos históricos relevantes, a organização amplia a sua capacidade de informar os públicos e de lhes transmitir mensagens de carácter emocional, proporcionando identificação. Com isso, valoriza a sua identidade e consolida positivamente sua imagem e reputação.

É sob tal perspectiva que entendemos a relação entre projetos de memória e comunicação organizacional.

Ao falar sobre memória, estamos a falar sobre comunicação. Afinal, é através de narrativas compostas por imagens ou textos – escritos e falados – que partilhamos a história da nossa vida, da nossa família, da sociedade e das marcas, sejam estas últimas de empresas ou de pessoas.

Defendemos que, ao resgatar a história de uma organização, é imprescindível ouvir vários "atores" que estiveram diretamente envolvidos na trajetória, independente da hierarquia ou do tipo de relacionamento.

É importante referir que não se espera consenso de ideias num projeto de memória. A interpretação dos fatos pode variar e, portanto, não há certo nem errado. Cada narrativa tem a percepção do seu autor e carrega intrinsecamente as experiências e os significados da sua vivência individual com aquela organização. Por isso, a história será muito mais rica quanto mais se ouvirem pontos de vista variados. Envolver vários *stakeholders* não é suficiente.

É preciso ainda pesquisar documentos, imagens, objetos relacionados à organização, ao seu mercado de atuação, à sociedade em que está inserida e ao período de tempo em que transcorreu sua trajetória. É, portanto, um trabalho minucioso de pesquisa de informação. Com tudo reunido – vozes e dados de pesquisa – teremos múltiplas narrativas que servirão de base para a construção de uma única narrativa histórica que representará aquela organização. A partir disso, é preciso observar que impactos essa história pode repercutir na cultura e no relacionamento com os públicos da organização (no presente) e, ainda, quais são as perspetivas de caminhos para o futuro.

• • •

Para construir e manter uma Reputação, uma empresa, em qualquer ramo de atividade, de qualquer porte, ou um indivíduo, devem levar em consideração quatro táticas.

REPUTAÇÃO - TÁTICAS

A reputação de alguém, indivíduo ou organização, é algo que, de certa forma, tende a fugir de planos e programas ligados à Comunicação e ao Marketing. Ou seja, a reputação existe como uma imagem consolidada que se forma na mente e se projeta na palavra de quem olha para a organização, percebendo-a.

Vale a pena lembrar que, gerir reputação não é o mesmo que gerir marcas (*branding*). A arquitetura e a manutenção das marcas, que tanto contribuem para o desenvolvimento de uma reputação, por si só, não asseguram a sobrevivência de uma organização. Planejar convenientemente as intervenções sociais, bem como estabelecer políticas de médio e de longo prazos para uma organização, as quais farão toda a diferença numa situação de crise, são fatores altamente contributivos na gestão da reputação.

Um exemplo é o apoio institucional a ações de cidadania, à educação, ao meio ambiente, à comunidade circunvizinha e à cultura.

T13 - Estudo dos públicos

Para fins práticos de direcionamento das ações de comunicação, o público em geral é dividido em grupos.

Margarida Kunsch, no seu livro "Planejamento de Relações Públicas na comunicação integrada" (2003), propõe a seguinte classificação:

» Público interno: funcionários, diretores, familiares;

» Público misto: revendedores, fornecedores, acionistas;

» Público externo: consumidores, imprensa, sindicatos, concorrentes, comunidades, escolas, poderes públicos.

Sob um enfoque mais atual, Lúcia Duarte – professora e consultora – propõe, no seu artigo "Contribuição para o estudo de públicos de RP", outra forma de classificar, em grupos, deixando de lado o critério "posicional" (dentro ou fora), e considerando as motivações de cada grupo para se relacionar com a organização.

A autora justifica:

> "As relações organizacionais estabelecidas com os seus públicos foram se tornando cada vez mais complexas quando comparadas aos tradicionais modelos de produção e consumo. Essa complexidade deve-se tanto à fragmentação desses públicos e pluralização das relações institucionais como consequência da multiplicação dos canais de

informação causada pelo avanço tecnológico, quanto à mundialização da economia que aponta para uma padronização de comportamentos institucionais em termos globais".

Com base nesses conceitos, Lúcia Duarte propõe a seguinte classificação:

Público constitutivo: a sua ação viabiliza a existência da organização, influenciando a produção das atividades-fim. É formado por sócios, acionistas controladores, diretores, funcionários que compõem toda a estrutura da organização;

Público colaborativo: complementa a composição e as atividades da organização. São prestadores de serviço, terceirizados, fornecedores, consultores, distribuidores, representantes de vendas, assistência técnica;

Público contributivo: absorve os resultados das atividades-fim da organização. É constituído por clientes, consumidores, acionistas minoritários, estudantes;

Público referencial: influencia e repercute a organização e os seus outros públicos, direta ou indiretamente, atuando também sobre a opinião pública. Nesse grupo estão Governo (nas três esferas), agências reguladoras, Ministério Público, entidades de classe, sindicatos, ONGs, universidades, concorrentes, famílias dos funcionários.

T14 - Comunicação institucional

A ideia-força presente nos pioneiros cursos de Relações Públicas no Brasil (décadas de 1960 e 1970) era a comunicação institucional. Ao lado da comunicação jornalística e da comunicação publicitária, constituía aquela porção do discurso organizacional voltado para a história da empresa, para os valores partilhados e para um discurso não-vendedor – todos os elementos convergentes para uma reputação administrada. Duas décadas adiante, coube a Margarida Kunsch (1986) posicionar a comunicação institucional como um dos componentes-chave no seu composto da comunicação integrada, ao lado da comunicação mercadológica, da comunicação administrativa e da comunicação interna.

Antes de se fazer comunicação institucional, é necessário "um pensar institucional". Este desafio vai para além do terreno da semântica, situado num campo mais filosófico: qual é ou quais são os atributos que podem fazer de uma organização – este ente imperfeito formado por imperfeitos homens – uma instituição?

Como fazer com que uma organização se encontre no mesmo patamar de verdadeiras instituições, tanto as platônicas, como a República, a Justiça, a Filantropia; quanto as seculares, como a Academia, a Igreja e o Estado? Na verdade, trata-se de elevar o conceito de uma organização a um nível tão alto que dela não se duvide ou que dela não se espere nunca o desamparo de um colaborador ou de um cliente, a sonegação de impostos ou de informação, uma prática desleal ou uma propaganda enganosa.

Campanhas institucionais memoráveis registraram nas nossas mentes marcas empresariais – e são os melhores exemplos de comunicação institucional bem-sucedida: "Nike – Just do it", "Volkswagen – Small is beautiful", "É uma Brastemp", "Se é Bayer é bom", "Bradesco: presença".

Uma boa comunicação institucional a partir de ações de Marketing Cultural, traduz-se, por exemplo, num monumento construído e doado à cidade. Ou uma orquestra patrocinada. Ou, ainda, uma biblioteca adotada. Foram ações deste tipo que transformaram sobrenomes em verdadeiras instituições: Rockfeller, Ford, Fulbright, Carnegie, Guggenheim.

No caso do terceiro setor, ou seja, da sociedade civil organizada, a comunicação institucional ganha um novo e essencial impulso, visto que ONGs, clubes de serviços, sindicatos e federações, associações e fundações pouco mais têm a oferecer do que um bom – e convincente – discurso institucional.

Sua matéria-prima é a persuasão, com o objetivo de trazer corações e mentes para as suas causas – os profissionais de Marketing deram-lhe o nome de Marketing Social ou Marketing de Causas Sociais – aquelas que modificam comportamentos de indivíduos e grupos, organizações e populações.

Para Philip Kotler, isto funciona com a adoção dos instrumentos de marketing não para fins comerciais, mas sim para mudança social: "o resultado não é um par de sapatos vendido, mas um cidadão mudado". As organizações da sociedade civil constituem, atualmente, o segmento que mais cresce no uso da comunicação institucional.

T15 - Divulgação

A divulgação (*publicity*) é a atividade de Relações Públicas por excelência, desde o seu nascedouro, com o então ex-jornalista Ivy Lee, em 1906, nos Estados Unidos. Trata-se da obtenção da chamada "mídia espontânea", ou seja, a inserção nominal de um indivíduo ou de uma organização no noticiário, na porção editorial, em espaço não-publicitário (não-pago), da imprensa.

Compete à assessoria de imprensa estar atualizada quanto aos interesses de dois entes: cliente e redações, aproveitando eventuais coincidências. Cabe também à assessoria a sugestão de conteúdo aos veículos e o treinamento (*media training*) do cliente (seja do próprio dono ou do seu representante "porta-voz") que trata diretamente com a imprensa.

O auge do trabalho de assessoria de imprensa, termo que se confunde – em todo o mundo – com *public relations* (PR), é tornar o cliente (organização ou executivo) em fonte confiável, com credibilidade perante os veículos de comunicação e, consequentemente, junto ao público leitor, ouvinte, espectador ou internauta. Um trabalho contínuo, permanente, algo que não se obtém da noite para o dia.

T16 - Gestão de crises de imagem pública

Muito se tem falado atualmente, de "crises de imagem pública". O tema tem sido objeto de artigos, cursos, reportagens, recurso aos autoproclamados "gurus" e a uma série de outras "inovações" que, muitas vezes, não vêm ao encontro do benefício real para a organização, a qual se pode encontrar vulnerável por um acidente fatal, um boato publicado na imprensa com estardalhaço ou uma queda repentina no valor de suas ações, por exemplo.

Imagem pública é aquilo que é percebido "de fora". É uma espécie de *flash* da reputação. Deve ser tratada como um ativo, desde os primeiros dias de qualquer empreendimento humano, seja governamental, empresarial ou no âmbito das organizações da sociedade civil. E não esqueçamos as personalidades públicas: políticos, artistas, executivos.

Ao contrário do que ocorre na maioria das crises de imagem pública, quando uma organização se vê diante da sanha incansável da imprensa, as empresas têm de estar preparadas, não podem estar organizadas em expedientes exclusivamente voltados para "apagar incêndios".

Cada vez mais, deve-se trabalhar preventivamente neste campo, construindo genuínas relações com a imprensa ou, genericamente, relacionamento com a mídia.

V) RESILIÊNCIA - ESTRATÉGIAS

Resiliência é a característica do que, ou de quem, se reformula para prosseguir o seu caminho, apesar dos obstáculos.

Esta é uma condição composta pelas seguintes qualidades: autocontrole, serenidade, otimismo, capacidade analítica e empatia com o outro.

No contexto da resiliência institucional, uma organização pode considerar duas estratégias: Gestão da mudança e Gestão das causas adotadas.

E09 - Gestão das mudanças

Peter Drucker ensina que "o que nos acontece e o que fazemos hoje é fruto de decisões que tomamos há dez anos atrás". Ou seja, o planejamento dito "contingencial" já não é a ferramenta de recurso em períodos turbulentos. Agora é a rotina. Este tipo de planejamento prospetivo é, simplesmente, o único planejamento que "funciona". É importante antever e precaver todas as possíveis interferências e estar preparados para elas. Seja no seu mercado, na sua própria organização, no seu país-sede, nos costumes, no meio-ambiente etc.

E10 - Gestão das causas adotadas

"Vestir a camisa do time" é a expressão típica brasileira para "engajamento" – nada mais do que adotar-se uma causa. Aliás, "causa" é o que mais move as pessoas neste terceiro milênio.

Criam-se movimentos em defesa dos animais silvestres, da floresta em pé, da diversidade, do multiculturalismo, da cada vez maior responsabilidade na expressão. E, advoga-se a favor destas causas, constantemente.

RESILIÊNCIA - TÁTICAS

No contexto da Resiliência, temos as seguintes táticas:

T17 - Filosofia de governança

Filosofia de governança (interna e setorial): a missão, a visão e os valores das empresas têm que ser mais do que quadros pendurados nas paredes. É preciso discutir, vivenciar e testar cada um destes pilares no âmbito da organização e no âmbito dos seus relacionamentos com públicos-chave (*stakeholders*). A missão deve designar a razão de ser da organização, de forma clara, para que possa ser compreendida pelos seus *stakeholders*.

Os princípios de conduta ética e transparência são demandas universais que vieram para ficar. Mais: decisões colegiadas são bem melhores que decisões solitárias, autocráticas.

T18 - Conformidade

Conformidade com os padrões externos – *compliance* – é uma filosofia de padronização que começou nas finanças e depois espraiou-se para as indústrias e os serviços.

Padrões de conduta nos negócios são cada vez mais rígidos para que a qualidade seja difundida, cada vez mais, de forma transparente, sem barreiras culturais que impeçam o livre trânsito da informação em todos os seus níveis.

As normas ISO (International Standards Organization) de qualidade têm, igualmente, tal propósito.

Nota do Editor: o Observatório da Comunicação Institucional (O.C.I.), entidade independente fundada em 2013 no Brasil, lançou – em 2018 – uma pioneira norma-padrão de melhores práticas de comunicação organizacional; um conjunto de 210 quesitos a ser examinado por auditoria externa ou interna. Com a inovação – um aplicativo intitulado "Sistema 5R-INDEX" (Índice de Transparência Ativa) – é estabelecida a base para a realização de *compliance testing* das organizações sob o prisma da comunicação, identificando e prevenindo riscos de crises de imagem pública – verdadeiro flagelo a que se submetem marcas de pessoas físicas e jurídicas, neste século XXI, de preponderância da internet e das redes sociais no universo midiático.

T19 - Capacidade de resposta

Responsiveness (capacidade de dar respostas ágeis e focadas). O atual ambiente global e digital dos negócios exige uma presença *full time*, com resposta imediata, *real time*.

O cliente *online* não tem fronteiras nem fuso horário e tem acesso a uma infinidade de informações, faz comparações e toma decisões rápidas. As empresas precisam estar aptas para responder e fazê-lo com assertividade.

O recurso aos "bots" tem sido crescente. Os "bots" são sistemas de inteligência artificial que têm como objetivo personalizar o atendimento ao cliente.

Uma outra abordagem do termo poderia ser o seguinte somatório:

Responsabilidade Civil + Responsabilidade Social = *Responsiveness.*

T20 - Gestão do conhecimento

A "empresa que aprende", é atualmente a única empresa que é "feita para durar". "Aprender enquanto caminha", regra de ouro da cibernética de Norbert Wiener, é a solução para a adaptação, para a sobrevivência e o crescimento de qualquer organismo no seu ambiente.

A gestão do conhecimento é parte importante das políticas organizacionais e tem como objetivo ampliar as possibilidades de aprendizagem dos seus colaboradores, motivando-os e contribuindo para que eles se sintam parte de um ambiente onde todos tenham as mesmas possibilidades de desenvolvimento profissional, produzindo conteúdo técnico próprio e tendo acesso a conteúdo produzido pelos seus pares.

Uma nova postura por parte da gestão, com o foco nas pessoas, surge para preparar os colaboradores nas suas relações e interações com os demais.

VI) RESPONSABILIDADE - ESTRATÉGIAS

O consumidor atual mudou, adotando a prática de um consumo consciente (inclusive o de crédito) e valorizando *fair work* e *fair trade*. Ou seja, adotando as boas práticas socioeconômicas.

A Responsabilidade (no sentido amplo de *accountability*) veio para ficar, sob a imposição da cidadania.

As empresas são, hoje, postas à prova com questões de confiança perante os mais diversos públicos (*public trust*) – um conceito importante, muito presente na sociedade norte-americana, por exemplo.

No contexto de Responsabilidade, uma organização deve assumir compromissos com: condutas éticas e legais; e normas contábeis-financeiras.

E11 - Compromisso com condutas éticas e legais

Uma vertente – de duas – na esfera da responsabilidade pública de qualquer organização (estatal, privada ou do terceiro setor), é a submissão às leis civis e aos códigos de conduta ética.

As leis são locais ou nacionais e as condutas éticas derivam de códigos morais, também locais. Estes, também podem se tornar "oficiais" quando uma profissão, por exemplo, adota um código de conduta ética.

Há que levar em consideração que uma determinada regulamentação nunca se pode sobrepor a esferas superiores a si mesma. Assim, nenhuma norma constante de um código de ética médica, por exemplo, pode extrapolar o que está disposto num Código Civil, na legislação ordinária e na própria Constituição de um país. Existem, para além disso, condutas morais que obrigam as nações signatárias a segui-las, como são exemplo os acordos internacionais e a Declaração Universal dos Direitos Humanos.

E12 - Compromisso com normas contábeis-financeiras

A outra vertente é aquela que responde às finanças e ao controle fiscal público.

Qualquer organização terá de estar submetida à legislação societária que lhe é imposta de acordo com o seu país-sede. Desde negócios individuais de pequena dimensão até aos conglomerados transnacionais, todos os entes organizacionais (igrejas, clubes, cooperativas, associações, fundações) devem satisfação ao fisco nas diversas esferas administrativas do Estado.

Foi com os escândalos das empresas americanas Enron (2001) e WorldCom (2002) que o mundo começou a olhar para a contabilidade como algo que pode construir ou destruir uma organização.

No Brasil, a empresa Parmalat (2004) e as Lojas Americanas (2022) também foram acusadas de fraude contábil. A preocupação com os princípios éticos e contábeis alcançou um novo patamar de importância.

As práticas de governança começaram a difundir-se para o mundo e o terceiro setor iniciou o processo de adesão a estas práticas.

As organizações religiosas, na sua maioria, têm recursos provenientes de doações e têm como princípio aplicar esses recursos nas suas ações sociais. É recomendável que os dirigentes dessas organizações tenham princípios éticos e que apliquem práticas de governança de forma a conduzir as suas operações, prevenindo fraudes e desvios.

A governança corporativa vem sendo implementada também entre as organizações religiosas.[7]

---

7. BRAGA, Luciana. A contabilidade como instrumento de governança. Rio de Janeiro, Conceito Editorial – no prelo. P. 32.

RESPONSABILIDADE - TÁTICAS

Na instância da Responsabilidade (num contexto em que o termo em inglês *Accountability* aplica-se bem), quatro campos (ou esferas de abrangência) apresentam-se:

T21 - Esfera civil

Todos os setores têm legislação e regulamentação próprias. Saúde, educação, alimentação, transportes, telecomunicações etc.

E as organizações – públicas, privadas e do terceiro setor – têm, obrigatoriamente, de cumpri-las. É a origem da ideia de *compliance* (adesão e conformidade a normas).

T22 - Esfera social

Organizações não são sedes, frotas, equipamentos ou *software*. Organizações são pessoas. Sem pessoas não existe uma organização. Ou seja, uma organização nasce da interação humana. Pessoas juntas sob um mesmo propósito, um objetivo empresarial, governamental ou uma causa – sempre algo social. É por essa razão que nos estatutos são utilizados os seguintes termos: Contrato Social, Razão Social, Sede Social, Capital Social etc.

A captação e a retenção de talentos são dois grandes desafios de hoje, presentes em todos os níveis e setores. Tornar uma organização "melhor lugar para trabalhar" é, mais do que chancela, uma contingência.

A sempre citada "humanização" de processos e organizações é algo que sempre recai sobre o setor de comunicação.

T23 - Esfera ambiental

É urgente a preocupação com o meio ambiente, a sua preservação e seu uso sustentável. Os recursos naturais são finitos e estima-se que para que todo o mundo adquira níveis de vida compatíveis com o conforto "de primeiro mundo" (na concepção vigente, bem entendido), seriam necessários cinco planetas Terra.

É por isso que surgem iniciativas de estudo e implementação de medidas, tais como as "Metas da ONU para 2030", por exemplo, baseadas na ideia de *Zero Growth* (crescimento zero).

Tais medidas, contudo, vêm na contramão de um conceito econômico estabelecido que é o de expansão permanente. É preciso estar atento a tal contrassenso.

T24 - Esfera fiducial

Mercado de capitais, fluxos de mercadorias e de serviços, práticas comerciais, globalização, *blockchain*, entre outros, não podem passar ao largo da atenção do profissional de comunicação organizacional.

No contexto de *issue management* (CASTRO NEVES) do dia-a-dia deste profissional, a questão que une confiança e sustentabilidade financeira constitui o pano de fundo e, como tal, não pode ser negligenciada.

A ajuda de consultores, analistas de riscos e de cenários econômicos é muito bem-vinda.

VII) RETRIBUIÇÃO - ESTRATÉGIAS

No contexto da Retribuição, uma organização deve considerar duas estratégias "temporais": Presente e Futura.

Não é aceitável que uma organização não retribua à sociedade os recursos que dela retira. Sejam eles em termos de trabalho dos seus cidadãos circunvizinhos ou de matérias-primas e recursos naturais utilizados para a transformação de seus produtos e serviços.

Não é possível continuar a falar numa comunicação "teórica". A comunicação precisa funcionar, entregar benefícios visíveis e tangíveis, gerar frutos de compreensão, de entendimento e de comunhão.

Por exemplo, "entregar transparência" (uma transparência ativa, capaz de substituir uma postura passiva onde a procura de informação sobre a organização fica sob a responsabilidade de quem a solicita) é um desafio permanente.

E13 - Retribuição presente

A retribuição que se dá no dia a dia da vida da organização em seu entorno imediato.

A organização é reconhecida por sua ação social cotidiana. É o conceito fundador de "cidadania corporativa" (CANFIELD).

No Brasil, a Natura tem esse tipo de percepção por parte da opinião pública.

E14 - Legado (retribuição futura)

É a retribuição de longo prazo, "para as próximas gerações".

Neste ponto é importante voltar a lembrar o livro (fruto de pesquisa muito original com 18 empresas centenárias) "Feitas para durar", de James Collins e Jerry Porras (1996).

A pesquisa ainda originaria um segundo volume, intitulado "Feitas para vencer" (1998) – originando a ideia de colaboradores com compromisso e "espírito de dono".

RETRIBUIÇÃO - TÁTICAS

A Retribuição à sociedade, por tudo o que a organização dela recebe, traduz-se nas seguintes táticas:

T25 - Parcerias cidadãs

"Diga-me com quem andas e eu te direi quem és". Os parceiros, em geral, dizem muito sobre uma organização.

Quem são os nossos fornecedores? As suas práticas são tão boas quanto as nossas? Praticam *fair labor* e *fair trade*? Os nossos valores estão em sintonia com os deles?

T26 - Doações

Quais as causas e qual o formato de nossas doações? Tempo ou dinheiro?

No Brasil, existe a Associação Brasileira de Captadores de Recursos (ABCR) que, no seu portal, disponibiliza informação sobre a própria instituição e sobre sua iniciativa "Dia de Doar".

T27 - Sucessão

Um problema interno das organizações, sobretudo as familiares.

Como dar continuidade aos princípios fundadores?

Como garantir que desvios de rota não desintegrem o legado?

Trata-se de uma empresa de responsabilidade limitada ou uma sociedade anônima? Se S/A, o capital é fechado ou aberto (com ações negociadas em bolsa de valores)? Se fechado, fará sentido propor uma abertura do capital (em um *IPO – Initial Public Offering*)?

T28 - Patrimônio (ou retribuição diferida)

O que a organização quer deixar para o futuro da cidade, do país e da sociedade em geral?

A área de comunicação organizacional deve trazer esse tema para debate ao nível de *board of directors (C-Level).* Afinal, trata-se de eternizar o nome e a institucionalidade da organização.

VIII) REINVENÇÃO - ESTRATÉGIAS

No contexto da Reinvenção são duas as estratégias: Reposicionamento e Reengenharia.

E15 - Reposicionamento

Esta é uma tarefa normalmente levada a efeito pela estrutura de marketing, uma vez que o conceito de posicionamento (Al Ries e Jack Trout) diz respeito ao mercado.

Como ensinaram estes autores em artigo visionário de 1972, posicionamento é o "lugar" na mente do consumidor – ou do imaginário coletivo – onde conseguimos colocar o nosso nome, conceito, causa, produto ou serviço.

O conceito de posicionamento preconiza que, em mercados maduros, haja apenas dois *players* em eterna disputa pelo *top of mind*.

Coca-Cola e Pepsi, Visa e MasterCard, iPhone e Android, Airbus e Boeing, Embraer e Bombardier, Microsoft e Apple – díades exemplos da tese de Ries e Trout.

E16 - Reengenharia

Como bem definiram Michael Hammer e James Champy – pais da disciplina (incensada, depois execrada e, hoje, reabilitada) –, trata-se de uma parada estratégica em que simplesmente tudo pode mudar, porque se está diante de um "começar de novo".

Há graus de reengenharia. De um mínimo – fruto de melhoria contínua (*kaizen*, no jargão da filosofia de qualidade total atribuída ao "modo japonês) – a um radical, em que "só os alicerces sobram; às vezes, nem isso", nas palavras dos autores da obra de mesmo nome: "Reengenharia".

REINVENÇÃO - TÁTICAS

T29 - Pensamento disruptivo (*design thinking* / ressignificação)

"É tempo de ressignificar. Este verbo nunca fez tanto sentido na vida de muitos como agora. Orgulho, ego e ganância devem ser deixados de lado. O momento é de sobrevivência, de dar sentido à vida em meio ao caos, de ter calma, de não entrar em desespero, de não meter os pés pelas mãos, de se resguardar, de manter cabeça e corpo ativos mesmo que isolados. E, no mais, de sermos muito criativos para pensar em alternativas, pensar diferente e criar novas soluções.

Afinal, a vida não para, as pessoas dependem dos seus empregos e os acionistas precisam que os gestores das suas empresas tomem as ações certas. Empresários, administradores e executivos estão colocados numa posição de extrema pressão: é preciso cuidar da proteção dos seus colaboradores, possibilitar a produção das empresas, garantir a saúde financeira para honrar os compromissos e ainda se preocupar em como cuidar da comunicação da sua marca, considerando a sua responsabilidade social e cívica".[8]

T30 - Coopetição

Diz-se de uma modalidade especial no jogo concorrencial que, muitas vezes, leva concorrentes de um determinado segmento a estabelecer *joint ventures*.

Ninguém no Brasil, num passado de pouco mais de 30 anos, imaginaria, por exemplo, as marcas Brahma e a Antarctica fora de uma concorrência feroz. Hoje, as duas marcas (pertencentes à AMBEV/InBev) convivem sob a mesma companhia.

T31 - Fusão/aquisição (e, também, recuperação judicial/ venda)

Operação sempre presente no mundo dos negócios dos últimos 50 anos. Dá-se perante uma concorrência desproporcional, dificuldade financeira ou sucessão.

---

8. Carolina Barboza [publicado no portal O.C.I. em 02/05/2020].

O controle das ações muda de mãos e, com ele, muitas vezes, podem mudar também princípios, valores, visão e missão.

T32 - Extinção da operação

Time's up. Uma decisão muito difícil: encerrar um negócio.

Só quem passa por essa dor, sabe do que se trata. Mas, como outras decisões embasadas que se deve tomar ao longo da vida, a de encerrar uma jornada também é válida e precisa ser considerada.

Mais vale um encerramento voluntário do que uma falência promovida por exigência de terceiros ou uma insolvência por bancarrota.

• • •

Atender a todas estas mudanças aqui elencadas é também uma obrigação do responsável pela comunicação organizacional. Por isso, a reivindicação de que uma **comunicação funcional** integre o primeiro escalão nas decisões.

Referências

CANFIELD, Bertrand. Relações públicas: princípios, casos e problemas. São Paulo: Pioneira, 1970.

DUARTE, Lúcia Maria. Contribuição para o estudo de públicos de Relações Públicas. LOGOS, Rio de Janeiro, Universidade do Estado do Rio de Janeiro, v. 9, p. 20-21, 1998.

GONÇALVES, Luiz Estevam Lopes. Marketing social: a ótica, a ética e sua contribuição para o desenvolvimento da sociedade brasileira. Rio de Janeiro: EBAPE/ FGV, 1991.

HAMMER, M. e CHAMPY, J. Reengenharia. Rio de Janeiro: Campus. 1994.

KUNSCH, Margarida M. Krohling. Planejamento de relações públicas na comunicação integrada. 3ª edição. São Paulo: Summus, 2003.

LESLY, Philip. Os fundamentos de relações públicas e da comunicação. São Paulo: Pioneira, 1995.

MACHADO NETO, Manoel Marcondes. Relações públicas e marketing: convergências entre comunicação e administração. 3ª edição. Rio de Janeiro: Ciência Moderna, 2018.

__________________. Marketing Cultural: das práticas à teoria. Rio de Janeiro: Ciência Moderna, 2002.

_______________. Manual de Compliance para a Comunicação Corporativa. 2ª edição. Rio de Janeiro: iVentura, 2022.

MADIA DE SOUZA, Francisco Alberto. Introdução ao marketing de sexta geração: datamarketing behavior. São Paulo: Makron Books.

McCARTHY, Jerome. Marketing básico. São Paulo: Editora Atlas, 1976.

MORGAN, Gareth. Imagens da organização. Tradução: Cecília Whitaker Bergamini e Roberto Coda. São Paulo: Atlas, 1996.

NEVES, Roberto de Castro. Comunicação empresarial integrada: como gerenciar: imagem, questões públicas, comunicação simbólica, crises empresariais. Rio de Janeiro: Mauad, 2000.

PINHO, J. B. Propaganda institucional: usos e funções da propaganda em Relações Públicas. 4ª edição. São Paulo: Summus, 1990.

RIES, A. e TROUT, J. Posicionamento. São Paulo Pioneira. 1993.

SIMÕES, Roberto Porto. Informação, inteligência e utopia: contribuições à teoria de relações públicas. São Paulo: Summus, 2006.

TÖPKE, Denise Rugani e TAVARES, Fred. R$C: Responsabilidade $ocioambiental Compartilhada no Brasil. Rio de Janeiro, Appris, 2019.

VASCONCELLOS, Manoel Maria de. Marketing básico. Rio de Janeiro, Conceito Editorial, 2006.

APÊNDICE 1

Composto da Comunicação Integrada

Margarida Kunsch

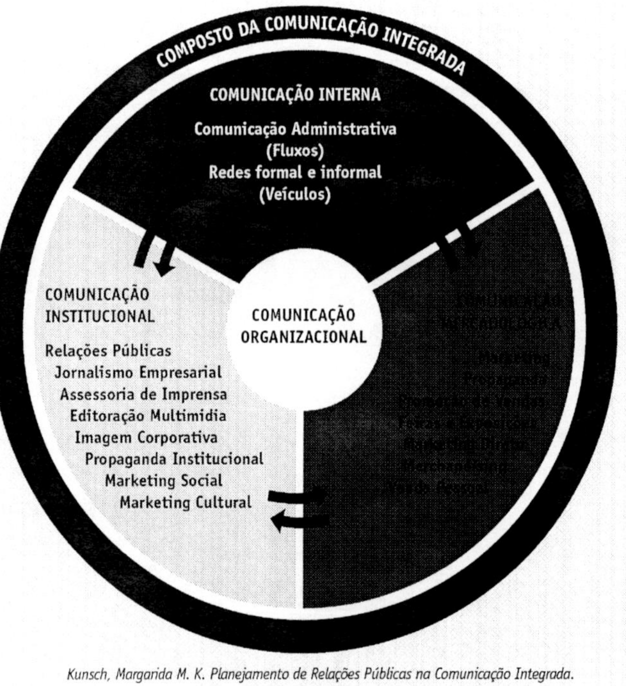

Kunsch, Margarida M. K. Planejamento de Relações Públicas na Comunicação Integrada. São Paulo, Summus Editorial, 4a. edição, 2003. P. 151.

APÊNDICE 2

Marketing e Relações Públicas: comparativo

	MARKETING	RELAÇÕES PÚBLICAS
SURGIMENTO	Século XX	Século XX
ATIVIDADE	Técnica	Técnica
PRIMADO	Escoamento da Produção	Ouvidoria
CAMPO	Administração	Comunicação
ORIGENS:		
acadêmica	Escolas de Comércio	Escolas de Jornalismo
político-econômica	Mercantilismo	Direito
histórica	2ª Rev. Industrial (séc. XX)	Diplomacia (séc. XX)
PRINCIPAIS INTERESSES	Vendas e Lucro Financeiro	*Goodwill* e Lucro Social
OBJETO	Produtos/Serviços	Organizações
PARÂMETROS	Oferta e Demanda Distribuição Propaganda	Ética e Valores Morais Divulgação Opinião Pública
ALVOS:		
alto perfil	Mercado Massivo	Público em Geral
médio perfil	Segmentos de Mercado	*Stakeholders*/Formadores de Opinião
baixo perfil	Nichos ou Fragmentos	Públicos de Interesse
LINGUAGEM	Persuasiva Emocional Subjetiva Adjetiva	Informativa Racional Objetiva Aproximativa
INSTRUMENTOS	Desenvolvimento de Produtos Logística *Merchandising* Meios de Comunicação de Massa Redes	Filosofia Organizacional Análise Ambiental Eventos Meios de Comunicação Dirigida Redes
PRESENTE	*Database* Marketing Marketing de Permissão	*Ombudsman* Defesa do Consumidor
FUTURO	Marketing Viral *One-to-one* Marketing	ONGs Pessoas Físicas

APÊNDICE 3

Abraham Maslow aplicado às organizações

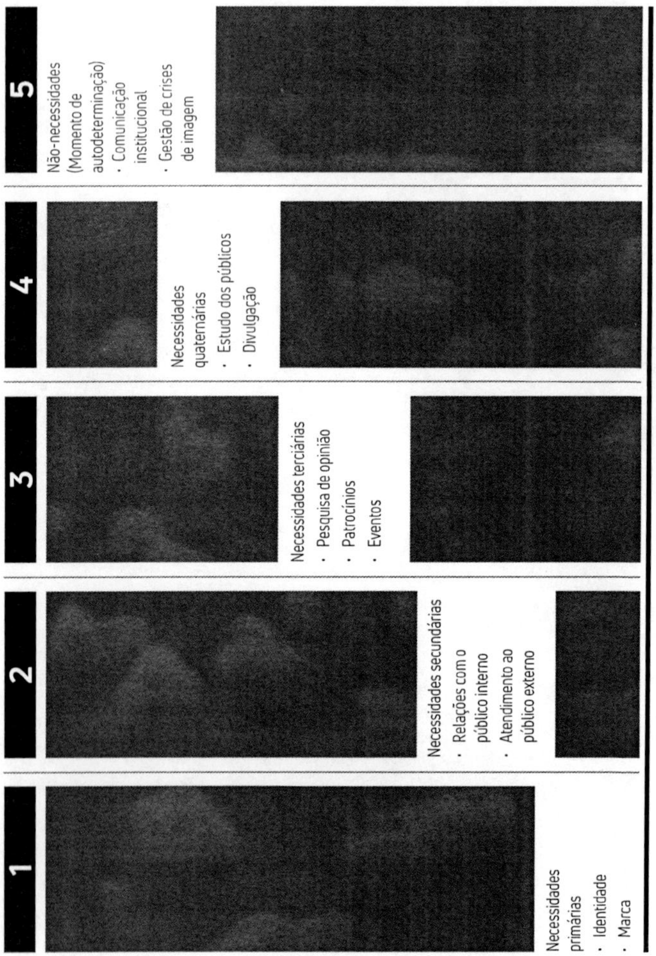

Adaptado da hierarquia das necessidades humanas de Abraham Maslow, 1954.

APÊNDICE 4

Sistema Patrocínio

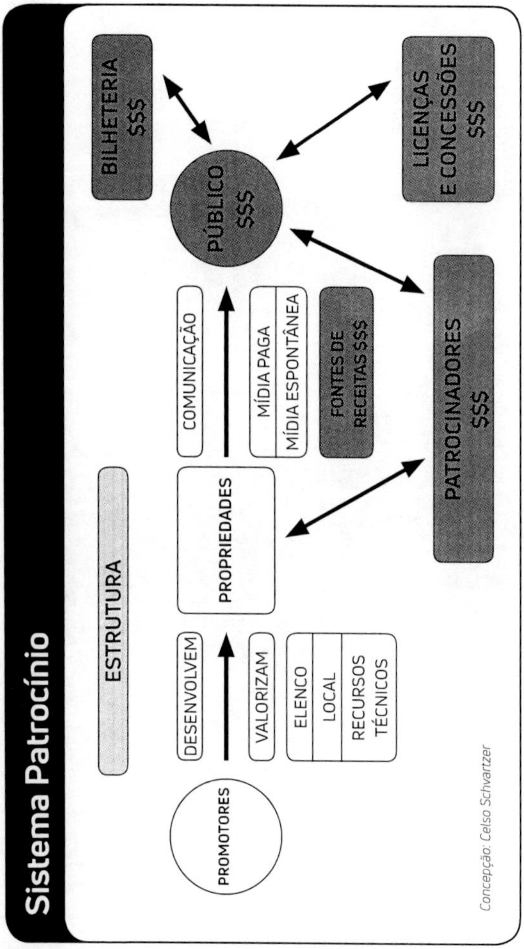

APÊNDICE 5

Sistema Marketing Cultural

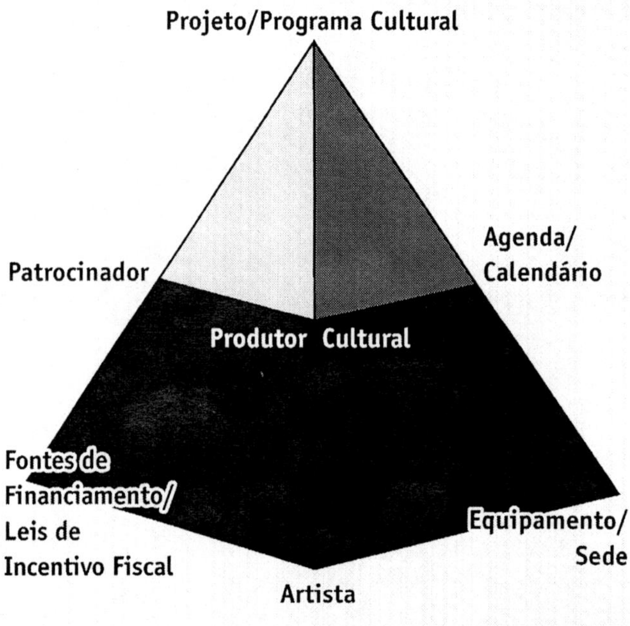

Sistema Marketing Cultural

APÊNDICE 6

Powerbranding

O 12º "P" adicionado pelo autor ao composto de "11 Ps" do marketing contemporâneo de Francisco Madia (*Product + Price + Place + Promotion + Post Place + People + Providers + Protection + Positioning + Phocus + Percognition*), *powerbranding* é um neologismo que manifesta um novo momento do marketing – quando as marcas passam a um protagonismo ímpar através do empoderamento do próprio mercado (substituindo praticamente todas as estruturas de marketing por estruturas de *branding*), agora desafiadas a um reconhecimento contábil/financeiro sem o qual valores atribuídos serão meros números e cifras, sem qualquer valor transacional real.

Para mais sobre Powerbranding acesse: www.powerbranding.com.br e http://beebranded.com.br/

Concepção do autor.

APÊNDICE 7

O Futuro da Comunicação Pós-COVID-19

Grupo FSB - abril/2020

Vimos algumas tendências a ganharem força e as marcas forçadas a uma adaptação ágil, transparente e relevante. Um estudo realizado pela consultora Croma, com cerca de 4 mil entrevistados, revelou que as marcas mais lembradas não foram, necessariamente, as que estão mais presentes no do dia a dia do consumidor, mas sim as que mostraram mais empatia. Ou seja, as marcas que entenderam as necessidades da sociedade e fizeram a diferença.

» Canais e formatos diferenciados para atender a diferentes públicos

» Pessoas no centro e colaboradores como transmissores das mensagens da companhia

» Entendimento mais rápido, por parte das empresas, das necessidades de sua audiência

» Inovadores se destacam diante de um cenário com novos desafios e oportunidades

» *Walk the talk* é ter transparência e coerência na comunicação

» Ser relevante e utilizar da *expertise* para se destacar para o mercado

» Marcas que falam e se relacionam com seus consumidores no momento certo

» Internet protagonista e pautando temas relevantes para a população

Quando olhamos para a comunicação, podemos dizer que a palavra do momento é adaptação. A partir de agora, não existe verdade absoluta[1]. Existe sim, uma comunicação que vai se desdobrar em diferentes canais e formatos para gerar conversas relevantes com a audiência.

Não se trata mais de um canal com maior alcance ou o formato do momento, mas, sim, sobre credibilidade, chancela e curadoria. Com tanta informação consecutiva que advém de diversas fontes, as pessoas passam a dar mais valor a conteúdos confiáveis – veículos, governo, formadores de opinião ou empresas –, que tenham relevância dentro do contexto da sociedade e de cada um dos seus nichos e/ou comunidades.

---

1. O tão mencionado paradigma quântico, colocado pela Física há pouco mais de um século, mas exaustivamente adaptado a situações e objetos das Ciências Humanas e Sociais, pode ser simplificado pela seguinte descrição, proposta pelo autor: "Dado que a Fenomenologia nos permitiu compreender que um objeto pode mudar a partir da perceção do sujeito que o observa, e que a Física Quântica estabeleceu duas respostas válidas para a questão sobre a luz; se partícula ou onda, comportando-se de uma forma ou outra de acordo com a observação, a humanidade passa, na atualidade, de uma era do **ou** para uma era do **e**".

Para as marcas, principalmente, o foco será trabalhar posicionamento e reputação. Em termos de comunicação, o maior ativo das empresas atualmente, é o seu propósito. A sociedade deixou de enxergar as marcas pelos seus produtos e serviços e passou a enxergá-las pela forma como atendem às necessidades dos seus consumidores e abraçam as suas causas.

Nesse momento de ressignificação, como é que as marcas vão repensar a sua comunicação com os diferentes *stakeholders*? De consumidores a governos, quais serão as novas necessidades de cada um desses públicos? Como sua marca pode se relacionar com cada um deles?

APÊNDICE 8

Muito além do trinômio "A-S-G"

Manoel Marcondes Machado Neto

Pretendo, neste artigo[1], trazer à consideração daqueles que se interessam pelo tema Governança Corporativa, a tese que jaz sob a concepção e desenvolvimento do Sistema 5R-INDEX (Manual + Aplicativo), o qual propõe algo inédito – uma Auditoria Funcional da Comunicação Organizacional (AFCO) para aferição do Índice de Transparência Ativa – exame aplicável a toda organização, de qualquer porte ou setor.

Tal inovação é resultado de uma pesquisa que liderei, credenciada pelo CNPq, intitulada "Transparência Ativa: construção de um novo conceito e de uma lógica transdisciplinar para a governança", objeto de um Grupo de Pesquisa com mais 20 acadêmicos provenientes de diferentes campos do conhecimento que, transversalmente, tocam/influem sobre Transparência, Compliance e Governança.

Não se trata de uma análise da comunicação da organização, mas de uma análise de toda a organização sob o viés da comunicação

---

1. Publicado originalmente no Portal O.C.I. em 01/08/2022.

Concluída a tese – cujo rito científico constituiu-se de três defesas perante bancas examinadoras (num total de 14 professores) e a aplicação do exame (constituído de 210 quesitos baseados nas Melhores Práticas de Comunicação Organizacional – MPCO) em três organizações reais (voluntárias) -, constatou-se que, sim, a Comunicação deve somar-se ao Direito e às Ciências Contábeis na busca por uma transparência ativa, aquela que oferece-se antes mesmo de ser requerida. O que temos hoje é uma transparência passiva, a qual sempre envolve um requerimento, algo que a sociedade não mais considera satisfatório.

De novo

A hipótese – provada ao cabo da pesquisa – é que o binômio Direito-Finanças, o qual, atualmente, define transparência, precisa evoluir a um trinômio Direito-Finanças-Comunicação.

Não mais basta cumprir as leis civis pertinentes a cada setor de atividades e as normas contábeis-financeiras aplicáveis a cada tipo societário. É necessária a contribuição de mais uma área – a Comunicação, condição para que seja alcançado um patamar genuíno de *accountability*.

Quanto à(s) ferramenta(s) de comunicação a serem usadas, cada caso é um caso; pode ser um website, publicações em veículos de grande circulação, campanhas de web-marketing que abranjam redes sociais, canal para vídeos, canal para podcasts, a contratação de ombusperson, um canal não só de denúncias, mas de verdadeira interação, uma central de atendimento humano (não automatizada), a realização de micro-eventos físicos ou virtuais (incluindo o ambiente metaverso), patrocínios de cunho social, cultural, educacional ou ambiental, ações em pontos-de-venda/ marketplaces etc.

Advogo que a abordagem A-S-G é insuficiente (vide dois artigos a respeito nos links abaixo) – um construto superficial, importado e imposto às organizações de cima para baixo, contando com o beneplácito de grande parte da classe falante brasileira constituída de managers, acadêmicos e jornalistas bem posicionados no que toca a visibilidade (não necessariamente a credibilidade).

Na tese que fundamenta a inovação, proponho um *approach* muito mais abrangente e dinâmico, que engloba o A-S-G e vai adiante – a jusante e a montante – como representado no seguinte diagrama:

MOVIMENTO: MUITO ALÉM DE A-S-G

(CONCEPÇÃO DO AUTOR)

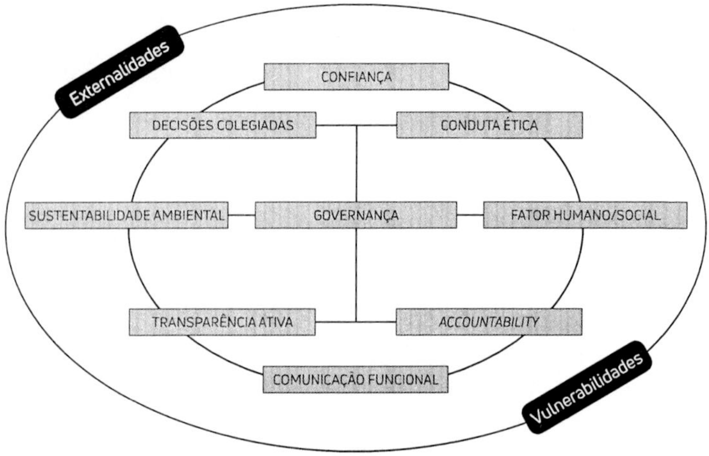

Mais sobre:

https://observatoriodacomunicacao.org.br/clippings/como-o-mercado-investidor-usa-o-esg-para-impor-ideologia-as-empresas/

https://observatoriodacomunicacao.org.br/clippings/velhos-e-velhas-pauta-que-o-esg-esqueceu/

https://observatoriodacomunicacao.org.br/clippings/os-desafios-do-esg-na-comunicacao-corporativa/

https://observatoriodacomunicacao.org.br/colunas/nova-coluna-esg-para-todos-a-mudanca-que-ainda-causa-medo-por-livia-spiniella/

https://observatoriodacomunicacao.org.br/artigos/criterios-esg-modismo-ou-um-movimento-legitimo-real-e-lucrativo/

APÊNDICE 9

Dimensões da Sustentabilidade (SG/SN)

Manoel Marcondes Machado Neto

Hoje, uma **Comunicação Funcional** torna-se parte essencial da Governança Corporativa – como nunca o foi antes –, cotejando as duas dimensões da Sustentabilidade:

» SUSTENTABILIDADE GERAL (SG); e a

» SUSTENTABILIDADE DO NEGÓCIO (SN).

E os desafios presentes são:

» Como aferir cada uma das dimensões – a geral e a particular; e

» Como balancear as duas dimensões, caso a caso.

O autor correlaciona todo o conteúdo abordado neste livro no diagrama abaixo – essência da pesquisa que ora inicia:

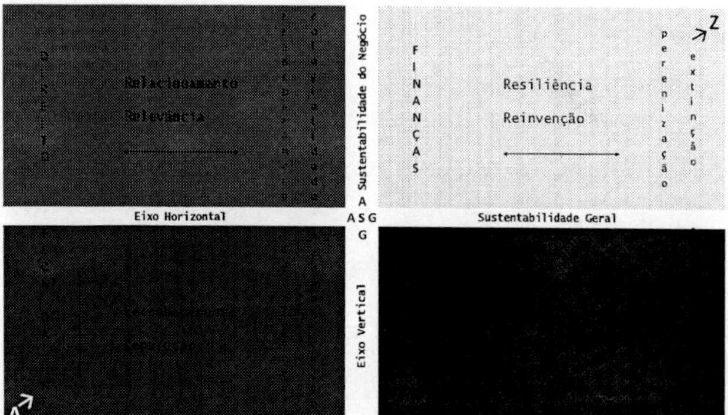

Glossário - Governança Corporativa e Comunicação Organizacional

ABCR – Associação Brasileira de Captadores de Recursos, entidade brasileira fundada em 1999, pioneira no estabelecimento de normas de conduta e melhores práticas deste setor (Código de Ética e Estatuto do Doador).

Accountability – Termo do idioma inglês, sem tradução literal para o português. Origina-se do termo "accomptare", que, em latim, significa "tomar em conta") e remete à obrigação de membros de um órgão administrativo ou representativo de prestar contas a instâncias controladoras ou a seus representados. Uma possível tradução seria "responsabilização", ou, deficientemente, "prestar contas" – ou seja, quem desempenha funções de natureza pública numa sociedade deve regularmente explicar o que faz, como o faz, por que o faz, quanto gasta para fazê-lo, e o que fará a seguir. Não se trata, pois, apenas de prestar contas em termos quantitativos, mas de auto-avaliação e satisfação pública, dando a conhecer o que se conseguiu e justificar aquilo em que se falhou. A obrigação de prestar contas é relevante em qualquer instância, mas tanto maior quando a função é estatal, ou seja, quando se trata do desempenho de cargos pagos com o dinheiro dos contribuintes. *Accountability* é um conceito da esfera ética frequentemente usado em circunstâncias que denotam responsabilidade social, imputabilidade, obrigações e submissão à regulação. Em Administração, *accountability* é considerado um aspecto central da governança corporativa, tanto na esfera pública como na privada, tanto na esfera da Controladoria como na da Contabilidade de Custos.

Advocacy – Diferentemente do conceito de advocacia, em português, como atividade do advogado, *advocacy*, aqui – em mais um caso de termo que não ganhou tradução – refere-se a ativismo, ao engajamento em causas, algo que poderíamos classificar como um estágio "avançado" do *lobbying*. Mas não necessariamente dentro dos palácios e, sim, uma espécie de *lobbying* cidadão, nas ruas, associações de bairros, movimentos de munícipes. Exemplo: cidadãos contra a corrupção, em defesa da moralidade pública e da transparência das informações financeiras públicas – vide *case* Amarribo em www.amarribo.org.br.

Arbitragem – A arbitragem, há décadas utilizada nos países desenvolvidos, é regulamentada no Brasil pela Lei 9.307/1996, a chamada Lei da Arbitragem, e vem sendo reconhecida como o método mais eficiente de resolução de conflitos, contribuindo para o descongestionamento do Poder Judiciário. Na arbitragem impera a autonomia da vontade das partes envolvidas, manifestada na medida em que são elas que definem os procedimentos que disciplinarão esse processo, que estipulam o prazo final para sua condução, que indicam os árbitros que avaliarão e decidirão a controvérsia instaurada. Resumidamente, é como se fossem criadas regras particulares e de comum acordo entre os interessados. Isso garante, além de uma boa solução para o caso, sigilo, economia, a certeza de que o julgamento do problema será realizado por pessoas com profundo conhecimento do assunto em questão e, além de tudo, rapidez, já que a arbitragem deve ser concluída no prazo máximo legal de 180 dias, se outro prazo não for acertado pelas próprias partes. (Fonte: Câmara de Arbitragem do Mercado – www.camaradomercado.com.br).

Assessoria de imprensa – A assessoria "de imprensa" é um dos instrumentos clássicos de relações públicas. No mundo todo PR (*Public Relations, media relations*) são seu sinônimo. No Brasil, assessoria "de imprensa", foi confundida – por ação de jornalistas em desvio de função – com a profissão "relações-públicas" – mal entendido e conflito de propósitos que a globalização sempre crescente do país já vem tratando de desfazer. Trata-se da procura por espaços prestigiados no noticiário – o que se obtém fazendo com que as "notícias" da organização sejam de real interesse para o(s) público(s) leitores, espectadores, ouvintes ou internautas do(s) veículo(s) em que se quer aparecer. E foi, inclusive, a razão do surgimento das modernas relações públicas, em 1906, com Ivy Lee. O pioneiro norte-americano, jornalista atuante, descobriu o nicho de *publicity*, da divulgação (não-publicitária, não-paga) de empresas – e, fato fundamental, deixou a imprensa. Num tempo em que todas as empresas já faziam anúncios pagos, elaborou um serviço de informação ao público e mencionava em seu próprio material institucional: "não fazemos jornalismo; não fazemos propaganda; nosso objetivo é a divulgação de matérias no interesses de clientes". Numa expressão: relações públicas – em seu sentido estrito de *media relations*.

B2B – Sigla de "*business-to-business*". Refere-se a empresas que fornecem insumos e serviços a outras empresas, num processo de *supply-chain* (cadeia de suprimentos) e, portanto, não atuam diretamente com o consumidor final, pessoa física. Diz-se da relação entre uma empresa fornecedora – de insumos básicos, produtos ou serviços – para outra(s) empresa(s), sem contato com o consumidor final, no varejo. São produtores de componentes, matérias-primas ou atacadistas cuja existência passa ao largo da opinião pública – a não ser em casos de crise; como um acidente fatal, um incêndio ou um vazamento que transborde seus limites controláveis.

B2C – Sigla de "*business-to-consumer*". Refere-se às empresas que comercializam seus produtos e serviços diretamente ao consumidor final.

Big Data – Com o incremento de capacidade dos centros de dados espalhados pelo mundo, as organizações passaram a poder processar todas as informações pessoais, tanto de cadastro histórico quanto de uso *online*. No passado, muitas dessas informações eram perdidas ou ficavam armazenadas e esquecidas. Hoje, algoritmos de inteligência artificial rodando em *datacenters* e redes cada vez mais robustas, permitem que cada *click* dado por uma pessoa num *post* ou vídeo da *web* seja computado e organizado segundo padrões de consumo e de propaganda. A outra face dessa moeda é a crescente perda da privacidade pessoal e um risco – também crescente – de controle de comportamento e de influência na opinião pública. Jaron Lanier denomina as grandes empresas da economia baseada em dados (*Big Techs*) de "corporações controladoras de comportamento".

Briefing – Conjunto de ideias que possibilita a um profissional ou a uma equipe de trabalho compreender e mensurar um projeto demandado por um cliente. Nele, é especificado qual o produto/serviço/campanha a desenvolver, qual o seu conceito e para quem se destina. O sucesso de um projeto está diretamente relacionado à boa construção do *briefing*, a partir das especificações passadas pelo cliente. Deve ser um documento completo, claro e objetivo. (Fonte: sobredesign.wordpress.com).

Branding – Termo do idioma inglês que não ganhou uma versão para o português, assim como o termo marketing. Refere-se a todo o processo de concepção e gerenciamento de marcas comerciais, tanto de empresa, como de produtos, serviços, causas, partidos, ONGs etc.

Brand Champion – Indivíduo encarregado do processo de difusão, "doutrinação interna" e manutenção das marcas sob sua responsabilidade.

Brand publishing – "Foi-se o tempo em que as marcas dependiam exclusivamente de alguns poucos veículos de massa para passarem suas mensagens. A revolução digital promovida pela internet e pelo advento do *smartphone* nas últimas décadas deu início à desintermediação de mídias, que trouxe consigo um grande rearranjo na forma como as marcas se relacionam e levam conteúdo relevante a seus consumidores. É dentro desse novo contexto que o *brand publishing* vem se tornando cada vez mais uma necessidade operacional para as empresas e um ponto focal da comunicação digital para as próximas décadas". (Brand Publishing Brasil).

BSC – *Business Score Card*, modelo de sistema de controle de produção (fabril e de serviços) que intenta relacionar cada tarefa na base da pirâmide organizacional aos mais elevados propósitos da organização. Assim, pode-se mensurar o quanto cada colaborador, cada função organizacional contribui para a consecução dos objetivos corporativos.

Cidadania corporativa – Conceito tradicional de Relações Públicas, presente na obra de Bertrand Canfield já na década de 1950. Não tem força legal, mas norteia esforços muito similares àqueles hoje aglutinados pelas organizações sob a égide de uma "responsabilidade socioambiental". Ou seja, algo para além do cumprimento das obrigações legais, sanitárias, tributárias e trabalhistas – o que, por si só já caracteriza, para Peter Drucker, o "lucro social" que toda empresa proporciona ao meio em que se estabelece. A cidadania corporativa abrange outros modos de "intervenção" de uma empresa na comunidade: a filantropia, o mecenato e iniciativas que vão além das obrigações mínimas ambientais, chegando à adoção de áreas e monumentos ou participação em projetos de despoluição de rios, proteção de mananciais, entre outros. Não é demais lembrar também aqui, da responsabilidade civil, encargo fundamental de quem opera um negócio, uma atividade no mercado – caso da responsabilidade empresarial sobre acidentes que ocorram com um empregado, cliente, ou fornecedor, nas dependências de uma dada empresa, por exemplo – algo que vem antes, pois, da responsabilidade social.

Clipping – Trabalho de "garimpagem" de notícias e organização dessas matérias publicadas em diversos órgãos de imprensa e informativos – impressos, eletrônicos ou digitais – de acordo com critérios previamente determinados. Tarefa fundamental de uma assessoria de comunicação.

Coaching – Designação que remete aos treinadores esportivos, "técnicos" em português. No meio corporativo, utiliza-se atualmente o termo para designar um conselheiro, um mentor que acompanha o desempenho e a carreira de um *trainnee*, ou mesmo de um profissional experiente. Também se usa o termo *mentoring* para designar esse processo.

Comoditização – De *commodity*, mercadoria a granel, não designada por marca de varejo. Diz-se de um bem que, mesmo tendo marca distinta, por sua vulgarização (fórmula conhecida, produtos/serviços concorrentes idênticos e consequente queda de preço), perde a característica e passa a ser considerada indistinta, mais uma *commodity*, algo "comoditizado".

As *commodities* tradicionais são aquelas listadas na Bolsa de Mercadorias e Futuros de Chicago, *locus* em que são definidas – por oferta e procura – as cotações de minério de ferro, aço, petróleo, cobre, ouro, cacau, café, milho, soja etc. Tais cotações definem o comércio internacional (que é arbitrado pela Organização Mundial do Comércio). Uma mercadoria não é considerada uma *commodity* para efeito de comércio internacional se não está listada nessa bolsa. É o caso do etanol, que ainda não foi reconhecido como uma *commodity* internacionalmente.

Compliance – Termo consagrado pela área de auditoria. Aderência (de procedimentos reais) a padrões estabelecidos de conduta. Uma auditoria do fluxo de transações verificará se as transações estão sendo contabilizadas conforme as normas de contabilidade aplicáveis.

Componentes de uma organização – Toda e qualquer organização pode ser vista por todos e por cada um de seis focos que constituem partes integradas do seu ser (vide apêndice de mesmo nome): NEGÓCIOS (seu propósito, seus objetivos estratégicos e suas metas táticas); TAREFAS (*modus operandi* em seu segmento de atuação); TECNOLOGIA (*know how* próprio de fazer as coisas); AMBIENTE (estado de integração dos meios interno e externo); ESTRUTURA (recursos físicos, materiais, financeiros, mercadológicos com que o negócio conta); PESSOAL (o patrimônio humano que se engaja em torno dos objetivos pautados pelo negócio).

As seis variáveis que constituem uma organização.

Conduta ética – Talvez o verbete mais difícil de explicar. Um gari pode ensinar ética a um senador, ou seja, conduta ética nada tem a ver, necessariamente, com nível de instrução ou posição social. Trata-se de valor quase que "espiritual" – num arroubo platônico. Podem evidenciar-se ações éticas até em um campo de guerra. Tudo depende do paradigma interno de cada um em termos de civilização. E sempre diante do outro. Algo que se "aprende em casa". Uma conduta é tecnicamente ética quando não transgride a mandamentos próprios de uma atividade, estejam eles expressos ou não em um código. Fraudar declarações, falsear informações, ocultar dados são, comumente, os maiores atentados à conduta ética. Devem ser evitados incondicionalmente, sob a pena de se destruir em minutos uma reputação construída por décadas.

Controller – Função profissional de topo de carreira no meio contábil-financeiro. Diz-se daquele que lidera e se responsabiliza pela área financeira de uma companhia, dirigindo as atividades de controle gerencial e financeiro. Também designado *CFO* (*chief financial officer*)

Conversão – No jargão do marketing digital, conversão significa, resumidamente, a "captura" do cliente. Pode ser considerada tanto a mera captura da atenção no dilúvio de informações que nos assola a todo momento quanto a transformação do *prospect* em cliente/consumidor/usuário efetivo.

Coopetição – O termo coopetição é usado para descrever a relação simultânea de cooperação entre pessoas ou organizações originalmente competidoras entre si.

Core business – Literalmente, núcleo do negócio – aquele objeto/razão de ser da organização. De *hard core* – o "núcleo duro" de uma estrutura. Em tese, poder-se-ía terceirizar tudo, MENOS o *core business* de um empreendimento ou organização.

CRM (Customer Relationship Management) – Diz-se dos sistemas, sobretudo *hardware* e *software*, voltados para o atendimento ao cliente. Na prática, essa abordagem tecnicista tem-se reduzido à implantação de *call* ou *contact centers* (centrais de teleatendimento), nos quais a interferência humana é pequena e muito limitada por rígidos *scripts* preestabelecidos, e, por isso mesmo, responsável pela esmagadora maioria das críticas feitas aos atuais Serviços de Atendimento a Consumidores (SACs).

Cubo lógico das relações públicas – Representação gráfica sistêmica dos eixos que constituem o universo de preocupações das Relações Públicas: administrativas, mercadológicas e políticas.

Dado – Como o próprio termo sugere, o dado é dado – no sentido de coisa dada, fato. Exemplificando: céu azul, grama verde, água transparente. São dados. Como também o são um número de telefone, um endereço e um prenome. Em Teoria da Comunicação, dado não chega a ser informação. (Vide verbete "informação").

Disclosure – Divulgação. Tornar público. "Publicização". Atributo que redunda em transparência, ou seja, submeter decisões e seus resultados (originalmente no campo contábil-financeiro) ao escrutínio do público.

Divulgação – Marcos Cortez Campomar é professor da FEA/USP com quem, graças à nossa orientadora Margarida Kunsch, tivemos o privilégio de estar em duas oportunidades: no exame de qualificação e na defesa da tese de doutoramento "Marketing Cultural: características, modalidades e seu uso como política de comunicação institucional", em 1999 e 2000, respectivamente.

Seu texto, aqui, pinçado da apresentação que fez à reedição atualizada do livro do "pai" do marketing *mix*, Jerome McCarthy, enfatiza o preciso esclarecimento da diferença entre propaganda e publicidade – algo que, por incrível e antigo que pareça, ainda se faz necessário entre nós, brasileiros.

"É importante salientar que nesta tradução o tópico 'Promoção' permite que sejam dirimidas dúvidas comuns, presentes em outros livros (traduzidos e de autores brasileiros), sobre a diferença entre Propaganda e

Publicidade. No Brasil, a confusão entre essas duas palavras surgiu porque as pessoas que trabalham em propaganda são chamadas de publicitários. Por isso, muitos pensam que elas fazem publicidade. Este, um trabalho muito mais de Relações Públicas.

A tradução deste livro de McCarthy deixa muito claro que propaganda corresponde à palavra inglesa *advertising* e que publicidade corresponde a *publicity*. Livros estrangeiros de nível suspeito e traduções mal feitas têm deturpado conceitos fundamentais de marketing e trazido prejuízos aos estudantes brasileiros".

Employer branding - Marca empregadora. É uma estratégia de marketing usada para gerar percepção positiva sobre determinada empresa como local de trabalho. A prática é essencial para o recrutamento e para a seleção de candidatos, pois atrai talentos do mercado, além de retê-los. *Rankings* como "Empresas Mais Admiradas" e *"GPTW" (Great Place To Work)* são construídos anualmente a partir de pesquisas levadas a efeito no interior das empresas. Respostas sobre condições de trabalho, satisfação com remuneração e benefícios, além de outros aspectos da relação empregado-empregador são mantidas em sigilo em relação a quem responde.

Engajamento – No universo do marketing digital, engajar significa obter a atenção e adesão de um indivíduo à proposição de um anúncio, de um produto, de um serviço, de uma causa. É uma das medidas de sucesso de mensagens/propostas veiculadas no meio digital.

E-S-G – *Environmental, Social and Governance*, na sigla em inglês. No passado, anos 1990, já fomos assolados pelo *Triple Bottom Line* (people, planet, profit), "o tripé da sustentabilidade" em meio à onda da Responsabilidade Social Empresarial (RSE). Houve avanços, sim, mas também muita conversa fiada e farta camada de "consultoria". Faz lembrar a crise da reengenharia. Em 2019, Denise Rugani Töpke inovou e provocou-nos com sua Responsabilidade $ocial Compartilhada (R$C), conceito em que o cifrão substitui o "S" da palavra "Social", entregando reais intenções. Como bem lembrou Danilo Maeda, sócio-diretor de ESG no grupo FSB, faltam as externalidades. E podíamos também acrescentar que faltam as vulnerabilidades – como ressalta Mario Cordeiro, professor da FAF/UERJ. Para simplificar, propõe-se o diagrama compreensivo do "movimento" que inclui as tais 3 vertentes horizontais-centrais; (E) de meio ambiente, (S) do social, e (G), da governança – em versão ampliada, com 7 elementos, sendo mais dois a jusante e dois a montante.

Estágios evolutivos da comunicação nas organizações – Representação gráfica das diferentes fases em que pode se encontrar toda e qualquer organização do ponto-de-vista comunicacional. Trata-se de um percurso evolutivo individual. Nada impede que convivam, hoje, em um mesmo segmento de mercado, organizações que ainda vivem no estágio de "propaganda" (infância comunicacional) e só se utilizem desse meio para comunicar-se externamente; com outras já no modo "assessoria de imprensa" (adolescência); e, finalmente, outras no modo "cidadania corporativa" (maturidade) – estágio PLENO de exercício de relações públicas.

ESTÁGIO DE DESENVOLVIMENTO DA COMUNICAÇÃO NUMA ORGANIZAÇÃO

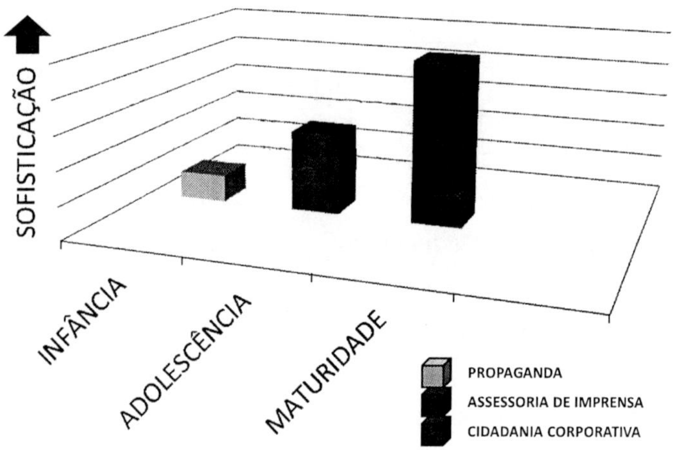

Fair policies – Trata-se de práticas "justas", universais, independente de "onde" se dão. *Fair trade* significa um comércio justo, em termos que trazem vantagem às duas partes em negociação, mesmo que uma delas seja muito mais fraca do que a outra em termos institucionais, econômicos ou de poder empresarial. Aplica-se também a trabalho (*fair job*); quando "o mercado" de trabalho não descamba para o terreno da exploração do trabalho escravo, de menores de idade, ou em condições degradantes, extenuantes, condenáveis pela OIT/ONU.

Fashion – Diz-se de algo "in", atual em relação ao momento, "na moda"; o próprio setor de moda.

Free publicity **(mídia espontânea)** – Matéria não-paga, publicada em veículos de comunicação a partir de esforços de divulgação (relações públicas).

Funil de vendas – O percurso (jornada) feito e considerada para fins de controle de uma operação que vai desde a oferta (discursiva) à efetiva compra/venda, passando pela obtenção da percepção inicial, atenção dirigida, reflexão sobre vantagens/desvantagens, tomada de decisão e ação.

Governança corporativa – Conjunto de regras que garantem transparência na administração e na divulgação de informações relevantes, além de igualdade de direitos entre acionistas minoritários e controladores. No nível máximo de governança corporativa (de empresas listadas nas bolsas de valores), as mesmas têm apenas ações com direito a voto e estendem aos acionistas minoritários 100% do valor pago ao controlador por ação em caso de venda do controle acionário.

Greenwashing – Lavar, ou "pintar de verde", é prática, infelizmente, cada vez mais comum de "vender" uma preocupação com a sustentabilidade, bom uso de recursos naturais, reciclagem e preservação quando, efetivamente, elas não existem. Isto exige do consumidor um comportamento cada vez mais atento e exigente.

Griffe – Palavra do idioma francês que significa assinatura. Nome ou marca que caracteriza uma organização, produto ou serviço. Muito utilizada para designar marca na indústria da moda.

Hospitality management – Atividade do profissional encarregado de recepcionar, acomodar e atender *VIPs* (*very important people*) em grande eventos. A Fórmula 1, com seu "circo" de patrocinadores, convidados *VIPs* e imprensa especializada, inaugurou a prática de construção – no próprio local dos seus grandes prêmios – de instalações apartadas, exclusivas e confortáveis (*hospitality centers*) para tais públicos – de interesse especial para os organizadores.

Identidade institucional (ou corporativa) – O que uma organização tenta passar ao público pelo estabelecimento de um nome distinto, marca, cores e tipologia de seu material gráfico e promocional, aplicado a tudo: sede, frota, papelaria, uniformes, anúncios, *website*, brindes, publicações institucionais. São atributos de "Reconhecimento" que estão sob o controle da organização.

Imagem institucional (ou corporativa) – O que é percebido (pelo público) sobre uma determinada organização. Diferentemente da identidade institucional, a imagem é algo – também relacionado a "Reconhecimento" – fora do controle da organização.

***Inbound* Marketing** – Conjunto de estratégias de marketing focado em atrair, encantar e converter clientes. Ao contrário do marketing tradicional, faz uso de marketing de conteúdo, *SEO* e estratégias algorítmicas em redes sociais para atrair clientes por meio de canais *online*. Mais sobre em https://observatoriodacomunicacao.org.br/colunas/empreendedorismo-feminino-e-comunicacao-inbound-marketing-na-pratica-e-de-forma-estrategica-por-alessandra-assumpcao/.

Influencer – Ou *digital influencer*; a personalidade (física ou avatar) que exerce influência por ascendência, sedução, repetição de um discurso que busca mudança de comportamento, normalmente finalizando em uma compra/venda/contratação/adesão/engajamento.

Informação – Conjunto de dados relacionados, concatenados. Um ou mais dados contextualizados. Exemplificando: grama verde não indica primavera, pois pode ser fruto de irrigação; céu azul não indica bom tempo – aliás, o que seria "bom tempo"?; e água transparente não significa água limpa – pois substâncias tóxicas podem ser invisíveis e estar diluídas na água. É preciso olhar o calendário (um segundo dado) para saber a estação, assim como é preciso analisar a água quimicamente para saber se é potável. Um prenome sem o sobrenome completo não identifica alguém. Um número de telefone só faz sentido aliado a alguém e um endereço só faz sentido se composto de pelo menos dois dados: nome do logradouro (rua, avenida, praça, cidade) e número.

IPO – Termo do mercado de capitais. Diz-se do processo de abertura de capital de uma sociedade anônima em bolsa de valores. Oferta pública inicial de ações ao mercado. Da expressão original, em inglês, de *Initial Public Offering*.

Issue management – "*Issue*" é tema, assunto que causa preocupação a uma dada organização. Seu gerenciamento é a análise e as atividades desencadeadas com o objetivo de se lidar – de forma sistemática – com o tema no momento, ou na oportunidade em que a organização o enfrenta (ou enfrentará adiante).

Just in time – Sistema de administração da produção que determina que nada deve ser produzido, transportado ou comprado antes da hora exata. Pode ser adotado por qualquer organização para reduzir estoques e os custos decorrentes de armazenamento. É o principal conceito do Sistema Toyota de Produção. Com esse sistema, o produto ou matéria-prima chega ao local de utilização somente no momento exato em que for necessário. Os produtos são fabricados ou entregues a tempo de serem vendidos ou montados. Também referenciado pelo termo "zero estoque".

Lead – O indivíduo a capturar no universo da *web*. Dado que já passamos pelas fases da comunicação de massa e da comunicação dirigida (em que a mídia atingia a todos e, depois, a segmentos/fragmentos), urge individualizar o contato, e *lead* vem a ser o velho endereço eletrônico (*e-mail*) individualizado, quase um "nome-e-endereço" do chamado "marketing direto".

Lobbying – Ação de tentar influenciar líderes empresariais, políticos ou governamentais para criação, manutenção ou extinção de legislação específica, ou realizar/participar de uma atividade que vá ajudar uma organização ou atender a um interesse particular. Pessoas que atuam em *lobbying* são chamados *lobbyists* ("lobistas"). Isto porque sua atividade se dá no *lobby* (ou nos *lobbies*) ou antessalas dos palácios legislativos e de governos, em todas as esferas de poder.

Marketing concept – Expressão inglesa que designa a adoção de uma filosofia de mercado por uma organização, tornando-a, assim, orientada mercadologicamente (*market oriented*), para além dos esforços comerciais primários, que consistiam apenas na colocação à venda do produto de que se dispunha, independente da pesquisa junto ao consumidor ou cliente. No Brasil, a definição da expressão ficou a cargo de uma equipe de especialistas arregimentada pela Fundação Getulio Vargas, no Rio de Janeiro, na virada das décadas de 1950 e 1960 do século XX, e foi traduzida por "espírito de marketing", assim descrita por um de seus membros, Manoel Maria de Vasconcellos: "produzir o que vende ao invés de vender o que se produz".

Marketing Digital – Disciplina advinda do desenvolvimento da internet e redes sociais. A grande rede, como tecnologia, surgiu nos meios militar e acadêmico como modo descentralizado de comunicação. Um rizoma eletrônico. A base "ideológica" da *web* era, então, "doadora" de conteúdos gratuitos. Com o advento de *marketplaces* digitais e, sobretudo, com a dita "monetização" das redes sociais, o tráfego livre e geral – dito "orgânico" – praticamente acabou. Para que uma típica "postagem" (um *card*, uma foto, um vídeo, circulem, é preciso "impulsioná-los" (péssima tradução do adequado termo inglês *promote*) com algum dinheiro. Mais sobre em https://rockcontent.com/br/blog/marketing-digital/.

Media relations – Relações com a imprensa, relações públicas.

Media training – Treinamento ministrado por especialistas em comunicação a pessoas que, em virtude de suas funções, têm que atender à mídia, sobretudo eletrônica (rádio e TV), em entrevistas, comunicados e debates.

Mentoring – vide verbete *coaching*.

Merchandising – Promoção de um produto ou ideia, tornando-o mais atraente no ponto de venda. Diz-se também das situações que emulam a compra e o consumo, como as inserções de textos e/ou imagens em filmes, peças teatrais e telenovelas.

Metaverso – ambiente virtual que procura replicar a realidade por meio de dispositivos eletrônicos, com a ajuda da realidade virtual, realidade aumentada e internet de alta velocidade.

Mídia espontânea – vide verbetes *Free publicity*, *News release* e *Publicity*.

Newsletter – Publicação impressa ou eletrônica, de cunho informativo, emitida por uma organização, remetida a assinantes ou participantes de listas privadas.

News release – Texto de divulgação à imprensa (*press release*) que ganha ares de *news* (notícias) nesses tempos em que se invertem as posições emissor-receptor e "todo mundo faz sua própria veiculação". Diz-se do texto preparado pela assessoria de imprensa encaminhado a veículos de comunicação com a finalidade de obter divulgação não paga (mídia espontânea).

***Ombusdsperson*/Ouvidor** – O ouvidor (ou *Ombusdsperson*) tem como dever defender os direitos e os legítimos interesses dos cidadãos, seja em órgãos da administração pública – em quaisquer dos seus níveis e poderes – seja em uma empresa privada, atuando, sempre, com autonomia para apurar as questões que lhe forem apresentadas e independência para manifestar o que entender cabível à instituição a qual é vinculado. (Fonte: Associação Brasileira de Ouvidores/ *Ombusdsperson*, www.abonacional.org.br).

ONG – Organização Não Governamental. Organização da sociedade civil. Pode assumir variada configuração legal (associação, clube, fundação, partido, sindicato).

Opinião pública – Figura de linguagem que quer traduzir um pensamento plasmado em certo segmento da sociedade que "faz diferença", parodiando a promoção d'O Globo. Ideia relacionada ao conceito de "formadores de opinião".

Oscip – Organização Social Civil de Interesse Público. Título concedido, a pedido das próprias organizações, pelo Ministério da Justiça, uma vez comprovado o seu caráter de interesse público. A lei que regula as Oscips é a de número 9.790, de 23 março de 1999, e trata da possibilidade das pessoas jurídicas (grupos de pessoas ou profissionais), de direito privado sem fins lucrativos, serem qualificadas como tal e poderem relacionar-se com o Estado, por meio de parcerias, desde que os seus objetivos sociais e as normas estatutárias atendam aos requisitos da lei.

Percognition – Termo cunhado por Francisco Madia, consultor brasileiro, para designar a inteligência competitiva – ou seja – há que se procurar conhecer tudo relativo ao mercado em que se atua, desde clientes em potencial à ação de concorrentes, passando por renda e hábitos de obtenção de informação e de compra.

Persona – O termo é idêntico mas difere da acepção de *persona* dada pela Psicologia (mais relacionado a personalidade, "jeitão" de um indivíduo). Em marketing digital *persona* é perfil, e, especificamente, o perfil do público-alvo de uma comunicação que se pretende dirigida. Personagem fictício que representa o cliente ideal de um negócio. É baseado em dados e características de clientes reais, como comportamento, dados demográficos, problemas, desafios e objetivos. A *persona* é uma ferramenta de segmentação de mercado e é a base do marketing digital. Mais sobre em https://rockcontent.com/br/blog/personas/.

Phocus – Termo cunhado por Francisco Madia, consultor brasileiro, "forçando uma barra" para fazer caber Foco (*focus*) em seu composto de 11 Ps do marketing.

Posicionamento (*Positioning*) – Termo criado, em 1972, por Al Ries e Jack Trout, para designar a posição que uma determinada marca (de empresa ou produto/serviço) ocupa no imaginário individual ou coletivo. *Mindshare*. O conceito de *top of mind* retrata o posicionamento da marca-líder.

Powerbranding – Empoderamento da marca. É o reconhecimento do peso (e do preço) imposto pelas marcas ao mercado, quando o valor de um bem intangível sobrepõe-se ao valor de ativos tradicionais, ainda mais num tempo em que marcas de bens virtuais, como no caso de Google, Yahoo! e iTunes, por exemplo, superam em muito o valor de mercado de gigantes da economia "real" como IBM, Ford, General Electric e Coca-Cola. Com o desenvolvimento do *branding*, o marketing vem sendo absorvido pela nova disciplina. E com a prevalência das marcas de produtos e serviços sobre as marcas institucionais (dos detentores das marcas de varejo) – quando não sabemos (e nem queremos saber) a quem pertence determinado chocolate ou inseticida. Um certo esforço de retorno à força das marcas institucionais existe, mas é um caminho ainda incerto para as *griffes*. Mais sobre Powerbranding: www.youtube.com/watch?v=M8vt9MZnMmY.

Public affairs – Denominação do setor das organizações em que estavam alocados os relações-públicas, na tradição norte-americana.

Public company – Tradicionalmente "empresa pública" foi expressão para designar aparatos – empresas, autarquias, sociedades – estatais, prestadores de serviços públicos (*public utilities*). Atualmente, após décadas de privatizações e desregulamentação, o conceito de empresa pública passa a ser usado para designar companhias com papéis (ações) distribuídas em bolsas de valores – ou seja, submetidas ao escrutínio público, devendo satisfações públicas de seus atos não só aos órgãos reguladores (CVM, por exemplo), mas, principalmente à opinião pública.

Publicity – Técnica de relações públicas que consiste em preparar e difundir uma mensagem previamente planejada, em forma de "nota", a veículos pré-selecionados (*news release*) para aumentar o interesse particular pelo cliente (emissor), sem pagamento específico feito a tais veículos. Mídia espontânea. Divulgação.

Publisher – Aquele indivíduo, ou corpo organizacional (*publishers*), responsável pela ação de publicar. Editor-chefe-responsável. Pode submeter-se ou não a um conselho editorial. Também referido, em empresas não jornalísticas ou editoriais, como *content owner* ou *content manager*.

Recall – Em propaganda, *recall* significa a propriedade que uma marca/mensagem tem de ser lembrada pelo público ou um segmento deste. Do ponto de vista legal, em marketing, *recall* significa "chamamento", ou seja, um mecanismo que obriga o fornecedor a alertar via meios de comunicação dirigida (mala-direta, tele-marketing, comunicações via internet), ou de massa (jornais, revistas, rádios e TVs), clientes ou consumidores que adquiriram produtos defeituosos com potencial risco para sua saúde e segurança, informando sobre procedimentos a adotar com vistas à solução do problema; conserto, troca, restituição da quantia paga, por exemplo. A prática do *recall* se estabeleceu no Brasil com a publicação do CDC (Código de Defesa do Consumidor, 1990), estabelecido nos seus artigos 6º (direito à informação), e 10º (segurança do produto).

Reconhecimento (1º R) – Propriedade de ser distinto e ter uma identidade própria – ter uma face e uma voz. Reconhecimento é o resultado pleno de sua comunicação. "Reconhecimento pelo que você é e por onde está". Identidade. *Recognition*.

Relacionamento (2º R) – No nível das organizações, é a principal meta das Relações Públicas. Não por outra razão, no presente, as atividades de RP do passado, hoje são chamadas "relações com investidores", "relações com a imprensa", "relações com o consumidor", "relacionamento com a comunidade", "relacionamento com o público interno". Relacionamento é resultado de sua abertura e receptividade a terceiros. "Relacionamento pelo que você dá e como recebe". Troca. *Relationship*.

Relevância (3º R) – Nível de importância que se atinge em relação a seus pares ou concorrentes. Principal medida utilizada pelos mecanismos de busca na *web*. Ou seja, mais relevante é o item que obteve mais acessos (*page ranking*). Relevância é resultado do que você agregou perante o mercado ou a comunidade. "Relevância pelo que você agrega e se diferencia". Inovação. *Relevance.*

Reputação (4º R) – Resultado de médio e longo prazo que se obtém a partir das atitudes e ações efetivamente colocadas em prática por um indivíduo ou organização. Reputação é resultado do que você fez. Responsabilidade. *Reputation.*

Resiliência (5º R) - Capacidade que uma pessoa (física ou jurídica) tem de superar as mudanças de seu meio ambiente e de suas condições de existência e/ou trabalho/ operação – e continuar vivendo e operando. *Resilience.*

Responsabilidade (6º R) - Atitude pessoal ou empresarial relativa a obrigações junto a pessoas – clientes ou não – e organismos (públicos ou privados) tocados direta ou indiretamente por suas ações. *Responsibility.*

Retribuição (7º R) - Ação grata em direção a pessoas, comunidades e instituições que contribuíram de alguma forma à sua existência e manutenção em dado mercado ou contexto sócio-geográfico. *Retribution.*

Reinvenção (8º R) - "Começar de novo" é contingência ou escolha voluntária no caso de indivíduos ou organizações que julguem (de dentro para fora) estar obsoletas em suas atitudes e ações ou gerando resultados pífios. Em grau máximo, uma decisão que pode levar até à extinção de um negócio por seu(s) próprio(s) criador(es). *Reinvention.*

Responsividade – Do idioma inglês *responsiveness*. Capacidade que alguém tem (indivíduo ou organização) de dar resposta àquilo que lhe é demandado.

RRPP – "Caso típico de *pluralia tantum* – dos termos que não possuem variante no singular e só existem no plural, o termo relações públicas pode ser representado abreviadamente como RRPP". (Roberto Porto Simões, disponível em: https://rrpp.com.br/sobre.php). Outros casos: FFAA (Forças Armadas) e EEUU (Estados Unidos).

Sampling – Tática de promoção (de marketing) que consiste na distribuição gratuita de amostras de determinado produto, geralmente por ocasião de seu lançamento.

SEO (Search Engine Optimization) – Otimização de uma página (portal, *site*, *blog* – conteúdo digital, enfim) para ser melhor compreendido pelas ferramentas de busca. A consequência da utilização das técnicas de *SEO* ("marketing de busca") é o seu melhor posicionamento numa busca *online* (sua "encontrabilidade"). Quanto mais mais próximo do *top of search*, melhor. Tal posição num *ranking* de pesquisa é também traduzida como "relevância" de seu conteúdo no universo *online*).

Shareholders – Detentores de quotas de uma empresa de responsabilidade limitada ao capital (e não sociedade por ações – onde o termo mais correto é acionista – *stockholder*).

Site – Sítio, na internet. Menor porção privada adquirida de conteúdo administrado e endereço (domínio) individualizado na rede mundial de computadores. Tal *locus* requer registro na autoridade reguladora da internet. No caso do Brasil, a FAPESP. Internacionalmente, ICANN.

Stockholders – Detentor de ações de uma companhia de capital aberto – listada em bolsas de valores – e denominadas "sociedade anônimas" justamente porque tais papéis são do tipo "pague-se ao portador", ou seja, não se consegue definir, a priori, quem é detentor de posições majoritárias ou minoritárias no controle acionário de determinada organização. O valor de uma ação é determinado, no seu lançamento ao mercado (*Initial Public Offering* – IPO) como um "valor de face", mas oscila para mais ou para menos desde o primeiro instante de presença no pregão, obedecendo a lei da oferta e da procura. Vide verbete *Shareholders*.

Stakeholders – Traduz-se o conceito, em português, pela expressão "públicos de interesse". Todo aquele segmento que pode afetar uma organização, sob qualquer aspecto, e/ou segmento que pela organização possa ser afetado.

Streaming – Mídia digital de modo contínuo. No passado, no meio TV, havia duas formas de "consumir" uma partida de futebol: "ao vivo", no momento em que o jogo se dava no estádio; ou "VT" – abreviação de *videotape* – quando a partida é gravada e transmitida em outro horário. Com o aumento na capacidade de transmissão de dados pelo meio digital (internet por fibra ótica ou ondas), um conteúdo "emitido" neste instante pode ser "acompanhado sequencialmente", no seu desdobramento integral, por quem quer que disponha de um dispositivo (também com capacidade mínima de processamento) para "recepção" e acesso (que pode ser gratuito ou pago "*on demand*").

UX (*User Experience*) – Tal como o termo já indica, trata-se da experiência do consumidor/usuário, ou seja, toda a relação que alguém tem com um produto/serviço. Esta *persona* está no centro de todo o processo, devendo servir o propósito de ser fácil de utilizar. Inclui o estudo do efeito do *design* na facilitação do uso e do nível de satisfação do consumidor/usuário quando entra em contato com o produto/serviço. A experiência de interação começa no momento desse contato e consiste em todo o caminho (jornada) de utilização do mesmo. Mais sobre: https://observatoriodacomunicacao.org.br/artigos/ux-entre-o-marketing-e-a-lei-geral-de-protecao-de-dados-lgpd-por-mariana-de-moraes-palmeira/,https://observatoriodacomunicacao.org.br/colunas/qual-a-diferenca-entre-ux-e-ui/.

Website – Sítio, lugar, na internet. Vide verbete *Site*.

Zapping – Termo que significa a mudança sistemática de canais (de TV) à procura de programação. O desafio da propaganda é manter o telespectador sintonizado no canal durante o intervalo comercial – justamente o momento em que dispara o efeito *zapping* na audiência. Tal efeito foi potencializado primeiramente com o controle remoto, e, depois, com a TV por assinatura e suas centenas de opções.

Impressão e acabamento
Gráfica da Editora Ciência Moderna Ltda.
Tel: (21) 2201-6662